Impressum
Verlag: BABADADA GmbH, Nedderfeld 112 , 22529 Hamburg
Geschäftsführer / Verlagsleitung: Harald Hof
Druck: Books on Demand GmbH, In de Tarpen 42, 22848 Norderstedt

Imprint
Publisher: BABADADA GmbH, Nedderfeld 112 , 22529 Hamburg, Germany
Managing Director / Publishing direction: Harald Hof
Print: Books on Demand GmbH, In de Tarpen 42, 22848 Norderstedt, Germany

# la escuela
# de School

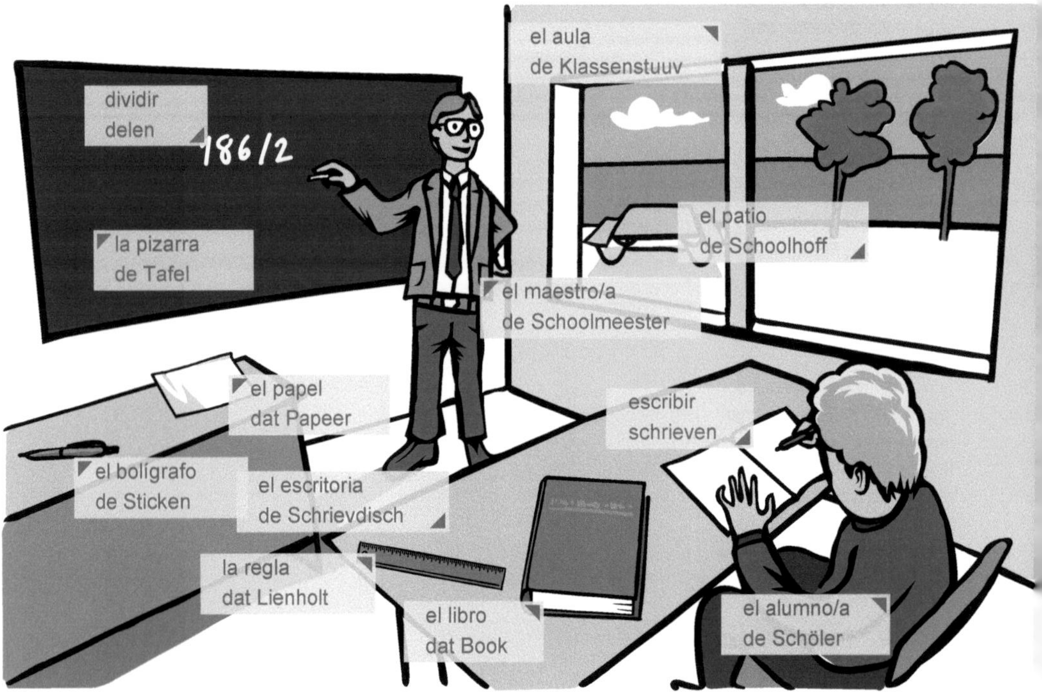
el aula
de Klassenstuuv
dividir
delen
186/2
la pizarra
de Tafel
el patio
de Schoolhoff
el maestro/a
de Schoolmeester
el papel
dat Papeer
escribir
schrieven
el bolígrafo
de Sticken
el escritoria
de Schrievdisch
la regla
dat Lienholt
el libro
dat Book
el alumno/a
de Schöler

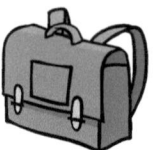

la cartera

de Ranzel

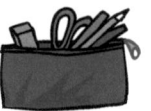

la caja de lápices

de Feddermapp

el lápiz

de Bleesticken

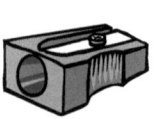

el sacapuntas

de Scharpmaker

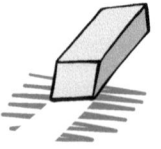

la goma de borrar

dat Radeergummi

el cuaderno de dibujo

de Tekenblock

el dibujo
de Teken

el pincel
de Pinsel

la caja de pinturas
de Malkassen

las tijeras
de Scheer

el pegamento
de Klever

el cuaderno de ejercicios
dat Heft to'n Öven

los deberes
de Huusopgaav

el número
de Tall

sumar
tohooptellen

restar
aftrecken

multiplicar
malnehmen

calcular
reken

la letra
de Bookstaav

el alfabeto
dat ABC

la palabra
dat Woort

el texto
de Text

leer
lesen

la tiza
de Kried

la lección
de Stunn

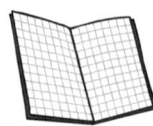

el cuaderno de notas
dat Klassenbook

el examen
de Pröven

el certificado
dat Tüügnis

el uniforme
de Schooluniform

la educación
de Utbillen

la enciclopedia
dat Nakieksel

la universidad
de Universität

el microscopio
dat Mikroskop

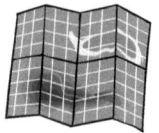

el mapa
de Koort

la papelera
de Papeerkorf

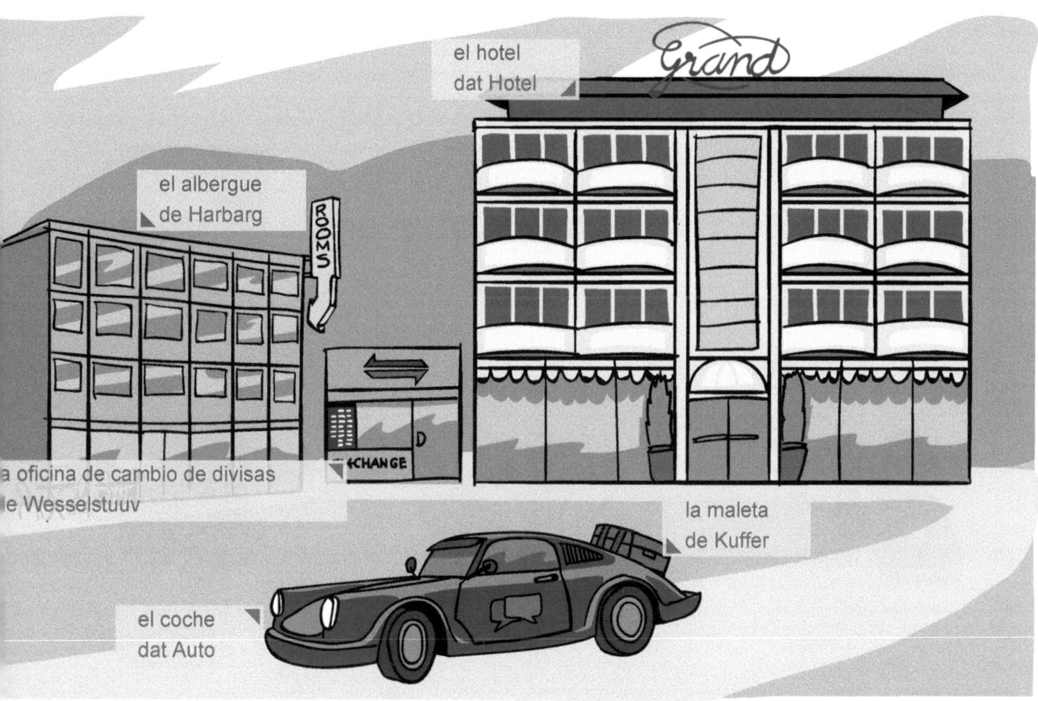

el hotel
dat Hotel
Grand
el albergue
de Harbarg
ROOMS
a oficina de cambio de divisas
e Wesselstuuv
la maleta
de Kuffer
el coche
dat Auto

el idioma
de Spraak

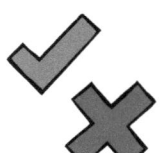

sí / no
jo / ne

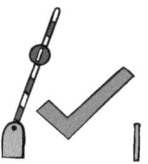

Vale
Jo

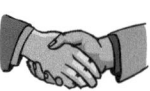

hola
Moin

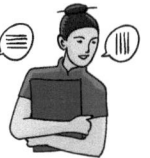

el traductor
de Översetter

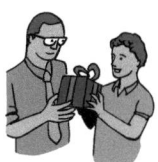

Gracias
Dank ok

¿cuánto es...?

Wat kost...?

No entiendo

Ik verstah nich

el problema

dat Problem

¡Buenas tardes!

Goden Avend

¡Buenos días!

Moin!

¡Buenas noches!

Gode Nacht!

adiós

Tschüüs

la dirección

de Richt

el equipaje

de Bagaasch

la bolsa

de Tasch

la mochila

de Rüchsack

el invitado

de Gast

la habitación

de Stuuv

el saco de dormir

de Slaapsack

la tienda de campaña

dat Telt

la información turística

de Touristeninformatschoon

la playa

de Strand

la tarjeta de crédito

de Kreditkoort

el desayuno

dat Fröhstück

el almuerzo

dat Meddageten

la cena

dat Avendeten

el billete

de Fohrkort

el ascensor

de Fohrstohl

el sello

de Breefmark

la frontera

de Grenz

la aduana

de Toll

la embajada

de Bottschop

la visa

dat Visum

el pasaporte

de Pass

# el transporte

# de Transport

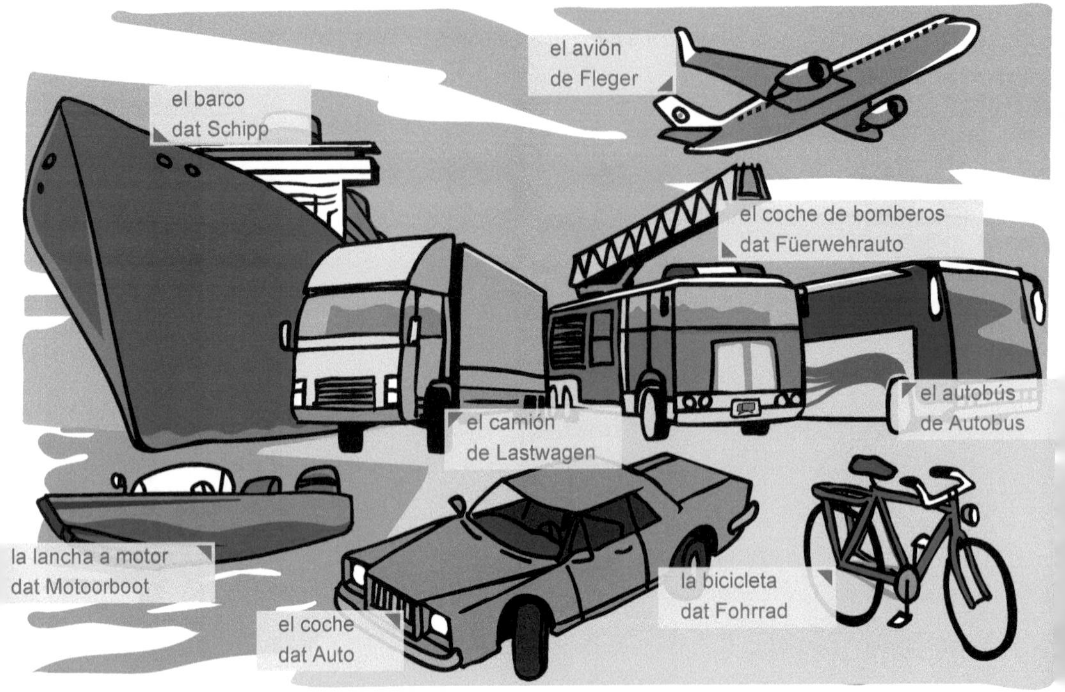

el avión
de Fleger
el barco
dat Schipp
el coche de bomberos
dat Füerwehrauto
el autobús
de Autobus
el camión
de Lastwagen
la lancha a motor
dat Motoorboot
la bicicleta
dat Fohrrad
el coche
dat Auto


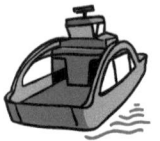

el transbordador

de Fähr

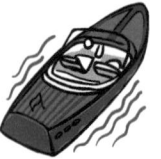

la barca

dat Boot

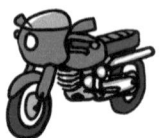

la moto

dat Motoorrad

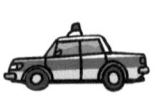

el coche de policía

dat Polizeiauto

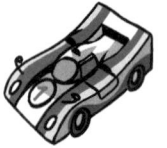

el coche de carreras

dat Rönnauto

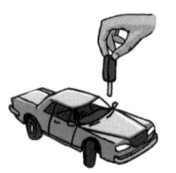

el coche de alquiler

de Lehnwagen

el préstamo de vehículos

dat Carsharing

la grúa

de Afsleepwagen

el camión de la basura

dat Müllauto

el motor

de Motoor

la gasolina

de Kraftstoff

la gasolinera

de Tanksteed

la señal de tráfico

dat Verkehrsschild

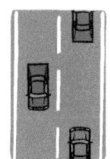

el tráfico

de Verkehr

el atasco

de Stau

el aparcamiento

de Afstellplatz

la estación de tren

de Bahnhoff

las vías

de Sporen

el tren

de Tog

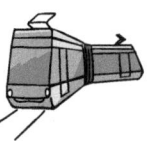

el tranvía

de Stratenbahn

el vagón

de Wagon

el helicóptero

de Dwarsmöhl

el aeropuerto

de Flooghaven

la torre

de Tower

el pasajero

de Fohrgast

el contenedor

de Grootkist

la caja de cartón

de Karton

la carretilla

de Koor

la cesta

de Korf

despegar / aterrizar

starten / lannen

## la ciudad

## de Stadt

el pueblo

dat Dörp

el centro de la ciudad

de Binnenstadt

la casa

dat Huus

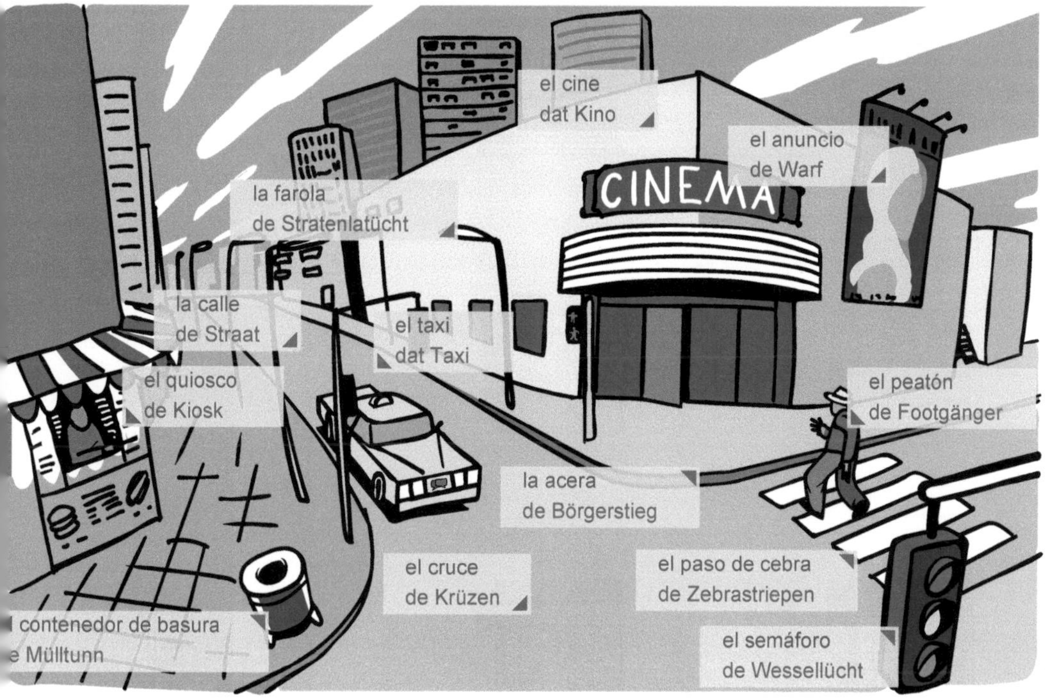
el cine
dat Kino
el anuncio
de Warf
CINEMA
la farola
de Stratenlatücht
la calle
de Straat
el taxi
dat Taxi
el quiosco
de Kiosk
el peatón
de Footgänger
la acera
de Börgerstieg
el cruce
de Krüzen
el paso de cebra
de Zebrastriepen
l contenedor de basura
e Mülltunn
el semáforo
de Wessellücht

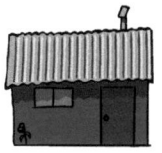

la cabaña

de Hütt

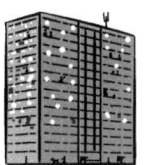

el apartamento

de Wahnung

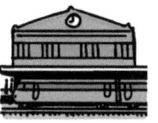

la estación de tren

de Bahnhoff

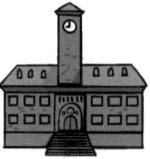

el ayuntamiento

dat Raathuus

MUSEUM

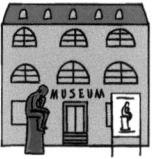

el museo

dat Museum

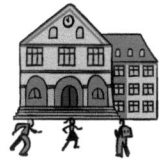

la escuela

de School

la universidad

de Universität

el banco

de Bank

el hospital

dat Krankenhuus

el hotel

dat Hotel

la farmacia

de Afteek

la oficina

dat Büro

la librería

de Bookhökerie

la tienda de campaña

de Hökerie

la floristería

de Blomenhökerie

el supermercado

de Supermarkt

el mercado

de Markt

los grandes almacenes

dat Koophuus

la pescadería

de Fischhökerie

el centro comercial

dat Inkoopszentrum

el puerto

de Haven

el parque

de Parkanlaag

el banco

de Bank

el puente

de Brüch

las escaleras

de Trepp

el metro

de Ünnergrundbahn

el túnel

de Tunnel

la parada de autobús

de Busstoppsteed

el bar

de Bar

el restaurante

dat Spieslokal

el buzón

de Breefkassen

el poste indicador

dat Stratenschild

el parquímetro

de Parkklock

el zoo

de Deertenpark

la piscina

de Baadanstalt

la mezquita

de Moschee

la granja

de Buernhoff

la contaminación

de Ümweltversmudden

el cementerio

de Karkhoff

la iglesia

de Kark

el patio de juego

de Speelplatz

el templo

de Tempel

# el paisaje
## de Landschop

la hoja
dat Blatt

la señal
de Wiespahl

el camino
de Weg

el prado
de Wisch

la piedra
de Steen

el árbol
de Boom

el excursionista
de Wannerer

el río
de Fluss

la hierba
dat Gras

la flor
de Bloom

el valle
dat Daal

la colina
de Barg

el lago
de See

el bosque
dat Holt

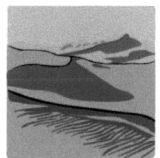

el desierto
de Wööst

el volcán
de Füerspien Barg

el castillo
dat Slott

el arcoíris
de Regenbagen

el champiñón
de Poggenstohl

la palmera
de Palm

el mosquito
de Steekmück

la mosca
de Fleeg

la hormiga
de Miegeemk

la abeja
de Imm

la araña
de Spinn

el paisaje - de Landschop

15

el escarabajo
de Sebber

la rana
de Pogg

la ardilla
de Katteker

el erizo
de Swienegel

la liebre
de Haas

la lechuza
de Uul

el pájaro
de Vagel

el cisne
de Swaan

el jabalí
dat Wildswien

el ciervo
de Hirsch

el alce
de Elk

la presa
de Staudamm

la turbina eólica
dat Windrad

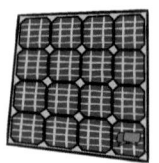

el panel solar
dat Solarmodul

el clima
dat Klima

# el restaurante
# dat Spieslokal

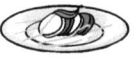

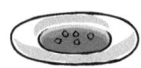

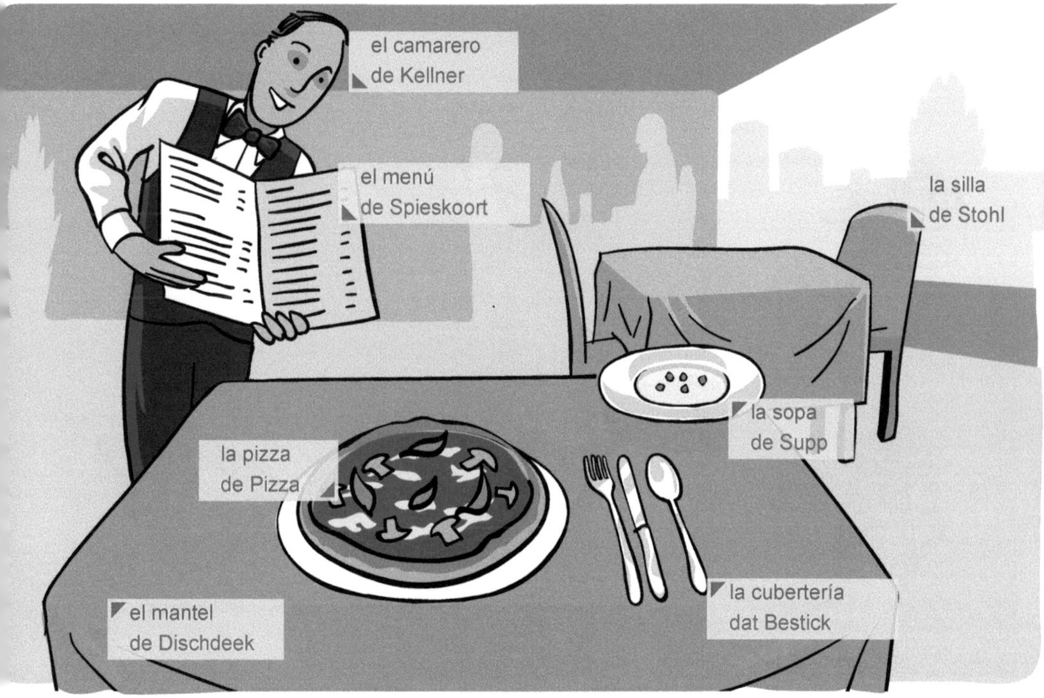
el camarero
de Kellner
el menú
de Spieskoort
la silla
de Stohl
la sopa
de Supp
la pizza
de Pizza
la cubertería
dat Bestick
el mantel
de Dischdeek

el primer plato

de Vörspies

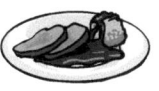

el plato principal

dat Haupteten

el postre

de Nadisch

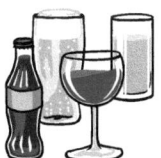

las bebidas

de Drünk

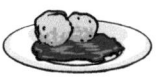

la comida

dat Eten

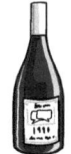

la botella

de Buddel

la comida rápida

dat Fastfood

la comida callejera

dat Strateneten

la tetera

de Teekann

el azucarero

de Zuckerdoos

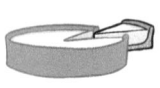

la porción

de Portschoon

la cafetera expreso

de Espressomaschien

la trona

de Hoochstohl

la cuenta

de Reken

la bandeja

dat Tablett

el cuchillo

dat Mess

el tenedor

de Gavel

la cuchara

de Lepel

la cucharilla

de Teelepel

la servilleta

dat Munddook

el vaso

dat Glas

el plato

de Töller

el plato hondo

de Suppentöller

el platillo

de Ünnertass

la salsa

de Sooß

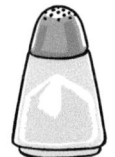

el salero

de Soltstreuer

el molinillo de pimienta

de Pepermöhl

el vinagre

de Etig

el aceite

dat Ööl

las especias

de Krüder

el ketchup

de Ketchup

la mostaza

de Mostrich

la mayonesa

de Mayonnaise

# el supermercado
# de Supermarkt

la oferta especial
dat Anbott
FOR
el cliente
de Kunn
los lácteos
de Melkprodukten
la fruta
dat Aaft
el carro de compra
de Inkoopswagen

BUTCHERS

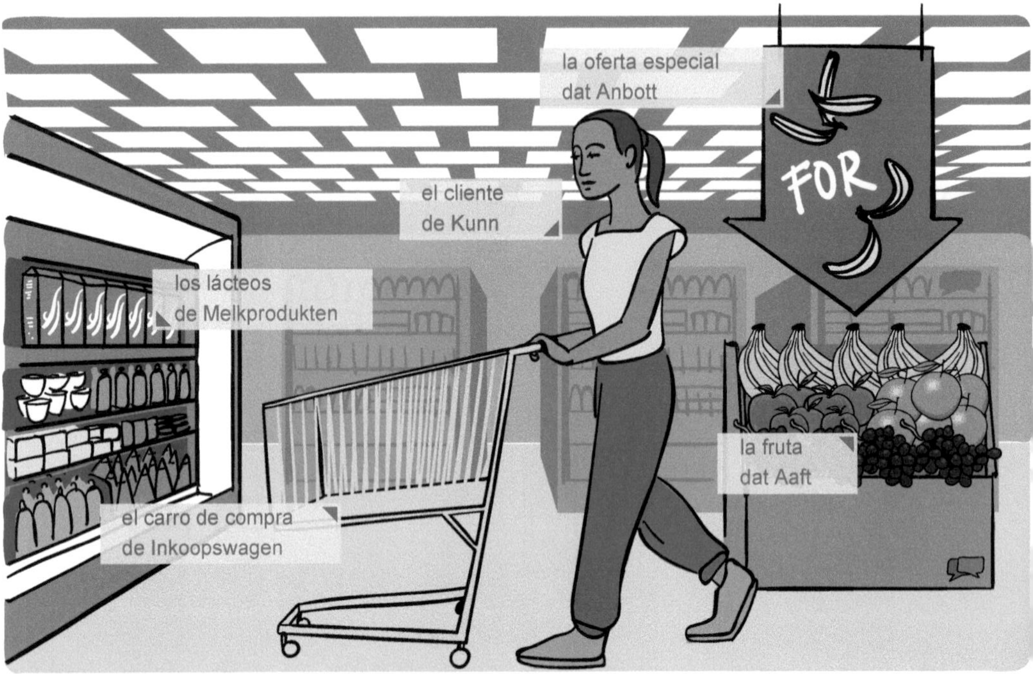

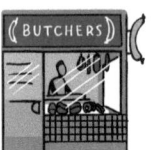

la carniceria

de Slachterie

BAKERY

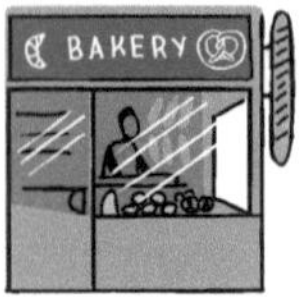

la panadería

de Bäckerie

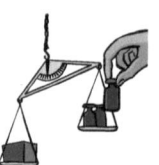

pesar

wegen

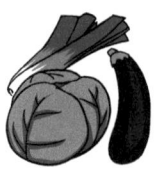

las verduras

de Gröönsaken

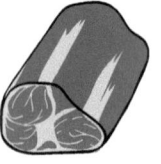

la carne

dat Fleesch

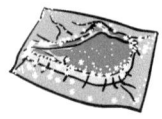

los alimentos congelados

de Deepköhlkost

los fiambres
de Opsnitt

las conservas
de Konserven

el detergente en polvo
de Waschmiddel

los dulces
de Snoopkraam

productos de uso doméstico
de Huushooltssaken

productos de limpieza
de Reinmaaktüüch

la vendedora
de Verköpersche

la caja de cartón
de Kass

el cajero
de Kasserer

la lista de la compra
de Inkoopslist

el horario de atención al
público
de Opsparrtieden

la cartera
de Breeftasch

la tarjeta de crédito
de Kreditkoort

la bolsa de plástico
de Tasch

la bolsa de plástico
de Plastiktüüt

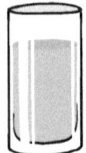

el agua

dat Water

el zumo

de Saft

la leche

de Melk

la cola

de Cola

el vino

de Wien

la cerveza

dat Beer

el alcohol

de Spriet

el cacao

de Kakao

el té

de Tee

el café

de Koffie

el expreso

de Espresso

el capuchino

de Cappucino

el plátano

de Banaan

la manzana

de Appel

la naranja

de Appelsien

el melón

de Meloon

el limón

de Zitroon

la zanahoria

de Wöttel

el ajo

de Knuuvlook

el bambú

de Bambus

la cebolla

de Zibbel

el champiñón

de Poggenstohl

las avellanas

de Nööt

los fideos

de Nudeln

las espagueti

de Spaghetti

el arroz

de Ries

la ensalada

de Salat

las patatas fritas

de Pommes frites

las patatas fritas

de Braadkantüffeln

la pizza

de Pizza

la hamburguesa

de Hamborger

el sándwich

dat Sandwich

el filete

dat Snitzel

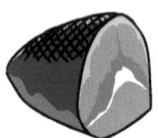

el jamón

de Schinken

le salami

de Salami

la salchicha

de Wust

el pollo

dat Hohn

el asado

de Braden

el pescado

de Fisch

los copos de avena

de Haverflocken

el muesli

dat Müsli

los copos de maíz

de Cornflakes

la harina

dat Mehl

el cruasán

de Croissant

el panecillo

dat Rundstück

el pan

dat Broot

la tostada

dat Toast

las galletas

de Keksen

la mantequilla

de Botter

la cuajada

de Quark

el pastel

de Koken

el huevo

dat Ei

el huevo frito

dat Spegelei

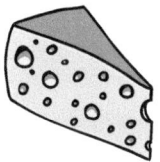

el queso

de Kees

el helado
de Ies

el azúcar
de Zucker

la miel
de Honnig

la mermelada
de Marmelaad

la crema de turrón
de Nougat-Creme

el curry
dat Curry

# la granja
# de Buernhoff

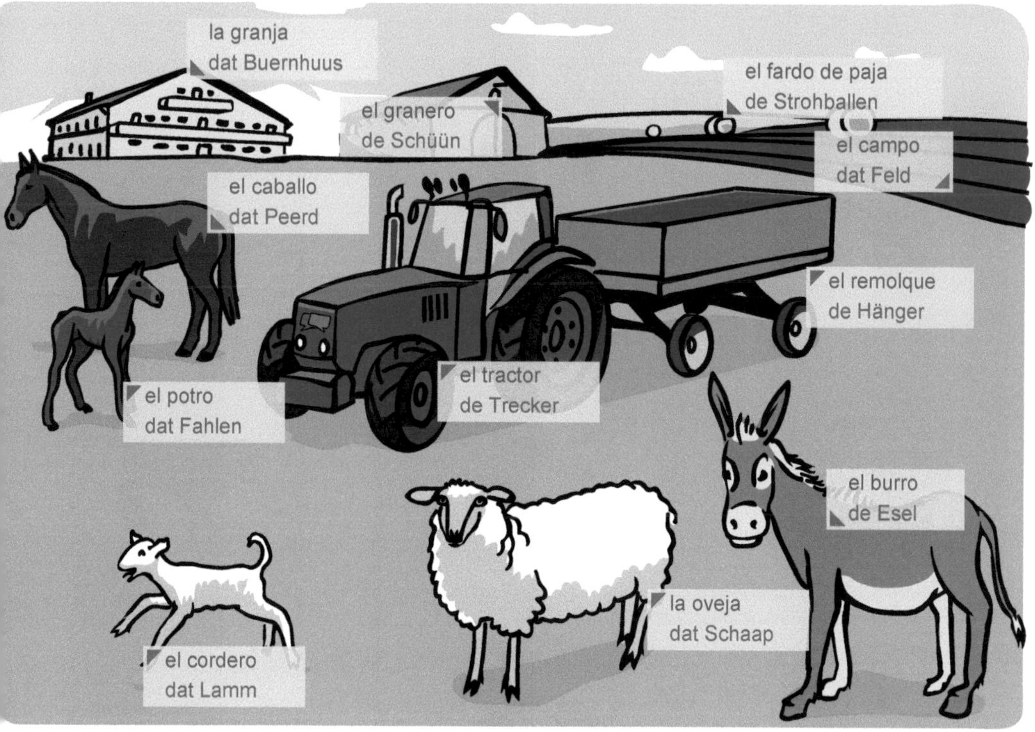

la granja
dat Buernhuus
el granero
de Schüün
el fardo de paja
de Strohballen
el campo
dat Feld
el caballo
dat Peerd
el remolque
de Hänger
el tractor
de Trecker
el potro
dat Fahlen
el burro
de Esel
la oveja
dat Schaap
el cordero
dat Lamm


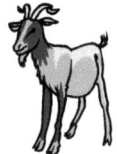

la cabra

de Zeeg

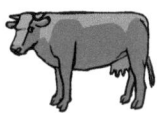

la vaca

de Koh

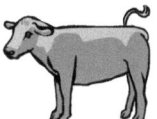

el ternero

dat Kalf

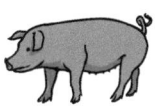

el cerdo

dat Swien

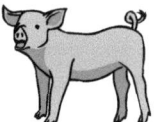

el cerdito

dat Farken

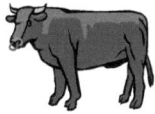

el toro

de Bull

el ganso
de Goos

el pato
de Aant

el pollo
dat Küken

la gallina
dat Hohn

el gallo
de Hahn

la rata
de Rott

el gato
de Katt

el ratón
de Muus

el buey
de Oss

el perro
de Hund

la perrera
de Hunnenhütt

la manguera
de Goornslauch

la regadera
de Geetkann

la guadaña
de Lee

el arado
de Ploog

la hoz

de Sich

la azada

de Hack

la horca

de Mestfork

el hacha

de Ext

la carretilla

de Schuufkoor

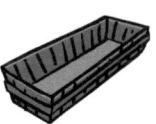

el abrevadero

de Trog

la lechera

de Melkkann

el saco

de Sack

la valla

de Tuun

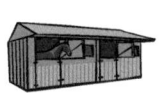

el establo

de Stall

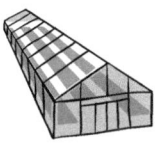

el invernadero

dat Drievhuus

el suelo

de Bodden

la semilla

de Saat

el fertilizador

de Dünger

la cosechadora

de Meihdöscher

cosechar

oornen

la cosecha

de Oorn

el ñame

de Yamswöttel

el trigo

de Weten

el soja

dat Soja

la patata

de Kantüffel

el maíz

de Törksche Weten

la semilla de colza

de Rapp

el árbol frutal

de Aaftboom

la mandioca

de Troopsch Kantüffel

las cereales

dat Koorn

# la casa
# dat Huus

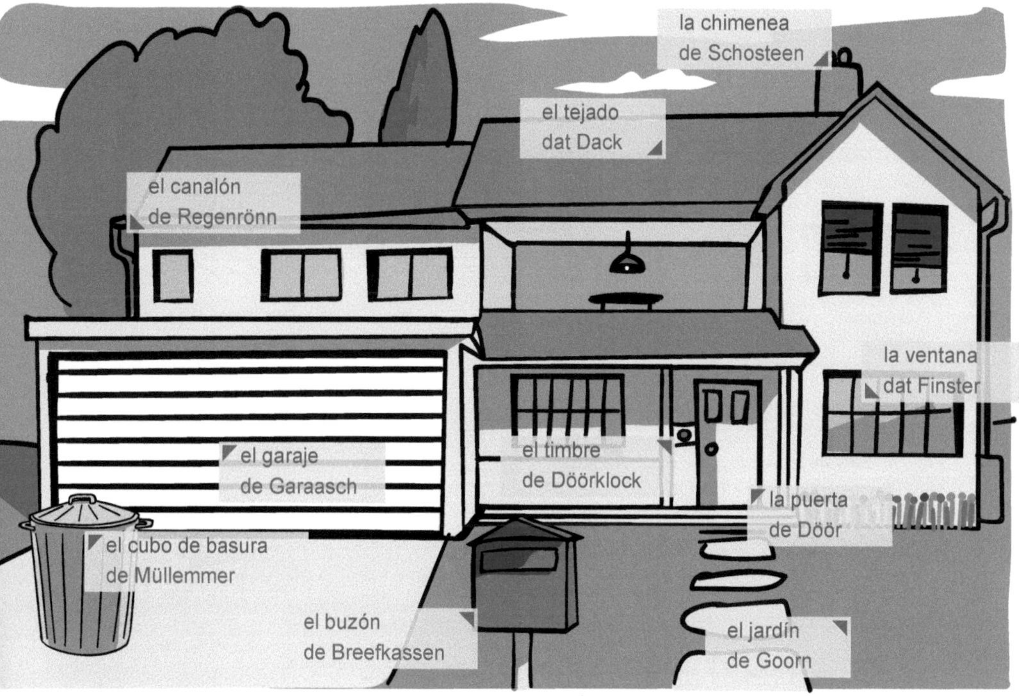
la chimenea
de Schosteen
el tejado
dat Dack
el canalón
de Regenrönn
la ventana
dat Finster
el garaje
de Garaasch
el timbre
de Döörklock
la puerta
de Döör
el cubo de basura
de Müllemmer
el buzón
de Breefkassen
el jardín
de Goorn

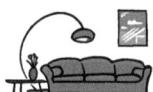

la sala
de Wahnstuuv

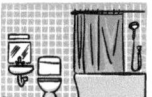

el cuarto de baño
de Baadstuuv

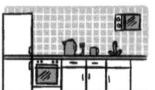

la cocina
de Köök

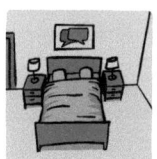

el dormitorio
de Slaapstuuv

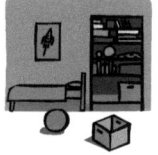

la habitación de los niños
de Kinnerstuuv

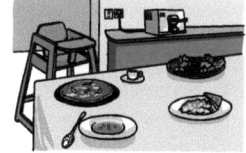

el comedor
de Eetstuuv

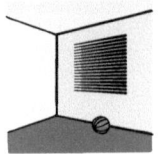

el suelo

de Footbodden

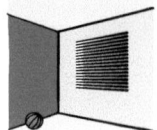

la pared

de Wand

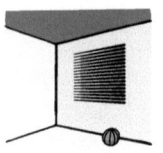

el techo

de Deek

el sótano

de Keller

la sauna

dat Hittluftbad

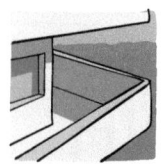

el balcón

de Balkon

la terraza

de Terrass

la piscina

dat Swümmbad

el cortacésped

de Rasenmeiher

la sábana

de Bettbetog

la colcha

de Bettdeek

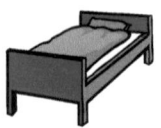

la cama

de Puuch

la escoba

de Bessen

el balde

de Emmer

el interruptor

de Schalter

# la sala
# de Wahnstuuv

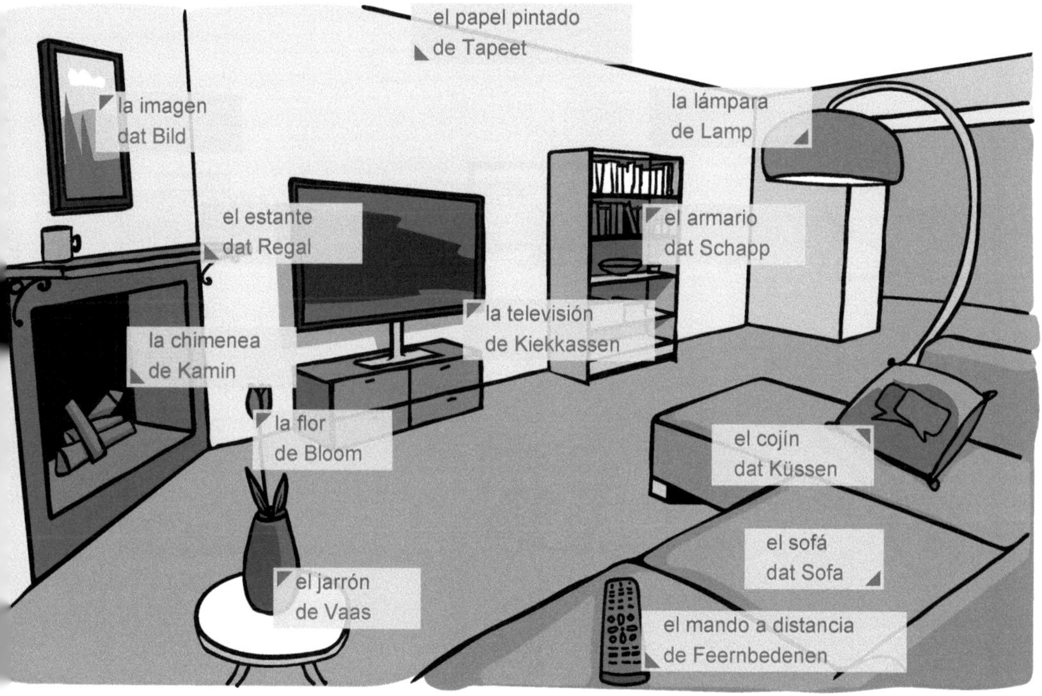
el papel pintado
de Tapeet
la imagen
dat Bild
la lámpara
de Lamp
el estante
dat Regal
el armario
dat Schapp
la televisión
de Kiekkassen
la chimenea
de Kamin
la flor
de Bloom
el cojín
dat Küssen
el sofá
dat Sofa
el jarrón
de Vaas
el mando a distancia
de Feernbedenen

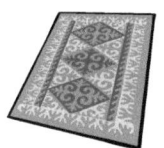

la alfombra
de Teppich

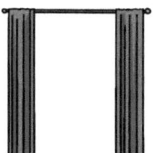

la cortina
de Vörhang

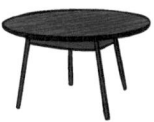

la mesa
de Disch

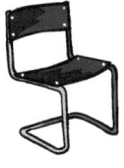

la silla
de Stohl

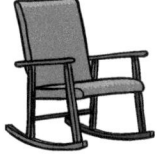

el mecedora
de Schuckelstohl

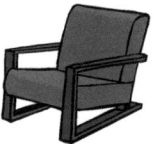

la butaca
de Sessel

el libro
.................
dat Book

la manta
.................
de Deek

la decoración
.................
de Dekoratschoon

la leña
.................
dat Füerholt

la película
.................
de Film

el equipo de música
.................
de Stereoanlaag

la llave
.................
de Slötel

el periódico
.................
dat Narichtenblatt

la pintura
.................
dat Gemälde

el póster
.................
dat Poster

la radio
.................
dat Radio

el cuaderno
.................
de Opschrievblock

la aspiradora
.................
de Huulbessen

el cactus
.................
de Kaktus

la vela
.................
de Kars

# la cocina
# de Köök

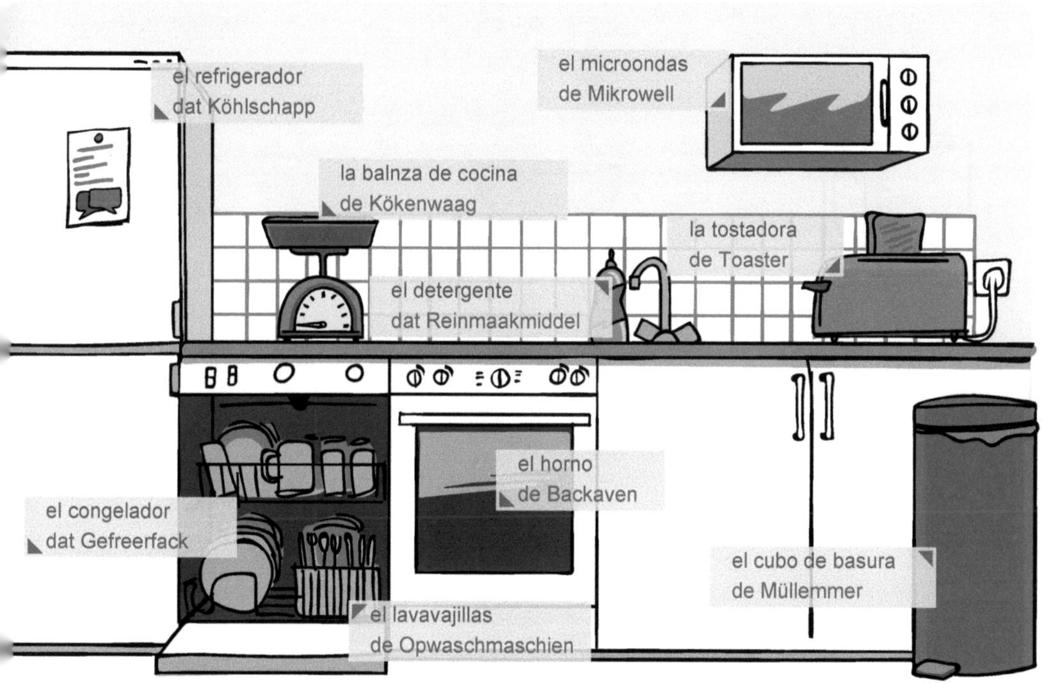

el refrigerador
dat Köhlschapp
el microondas
de Mikrowell
la balnza de cocina
de Kökenwaag
la tostadora
de Toaster
el detergente
dat Reinmaakmiddel
el horno
de Backaven
el congelador
dat Gefreerfack
el cubo de basura
de Müllemmer
el lavavajillas
de Opwaschmaschien


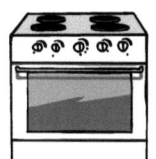

la olla a presión

de Heerd

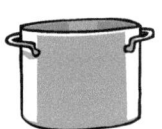

la olla

de Pott

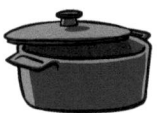

la olla de hierro fundido

de Gussiesern Putt

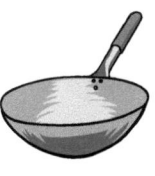

el wok

de Wok / Kadai

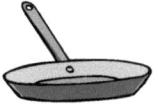

la cazuela

de Pann

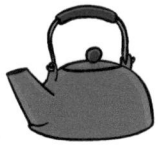

el hervidor

de Waterkaker

la vaporera

de Dampkaakputt

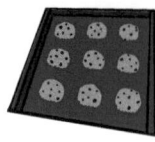

la chapa de horno

dat Backblick

la vajilla

dat Geschirr

la taza

de Beker

el tazón

de Schaal

los palillos

de Eetsticken

el cucharón

de Suppenkell

la espumadera

de Pannenwenner

el batidor

de Sneebessen

el colador

dat Kaakseef

el cedazo

dat Seef

el rallador

de Riev

el mortero

de Mörser

la barbacoa

de Grill

la hoguera

de Füerstell

la tabla de picar

dat Sniedbrett

el rodillo

dat Nudelholt

el sacacorchos

de Proppentrecker

la lata

de Doos

el abrelatas

de Dosenaapner

el agarrador

de Pottlappen

el lavabo

dat Waschbecken

el cepillo

de Böst

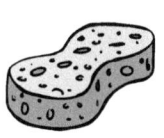

la esponja

de Swamm

la batidora

de Mixer

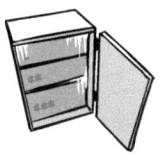

el congelador

dat Iesschapp

el biberón

de Nuckelbuddel

el grifo

de Waterhahn

la cocina - de Köök					37

# el cuarto de baño
## de Baadstuuv

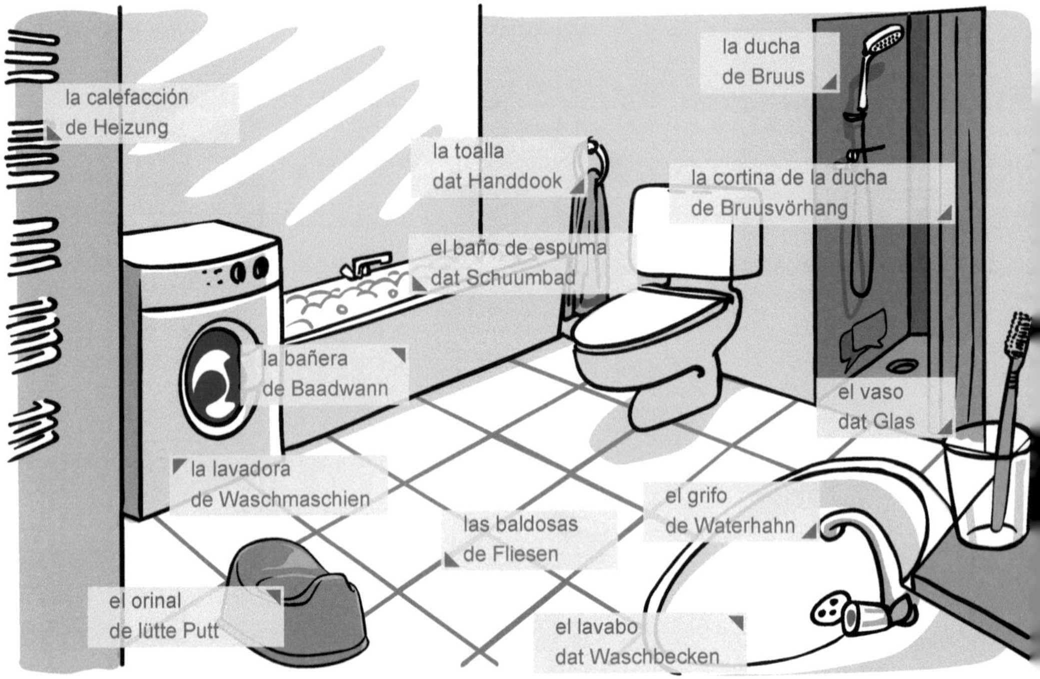

la ducha
de Bruus

la calefacción
de Heizung

la toalla
dat Handdook

la cortina de la ducha
de Bruusvörhang

el baño de espuma
dat Schuumbad

la bañera
de Baadwann

el vaso
dat Glas

la lavadora
de Waschmaschien

el grifo
de Waterhahn

las baldosas
de Fliesen

el orinal
de lütte Putt

el lavabo
dat Waschbecken

el inodoro
de Tante Meier

el inodoro rústico
de Hockklo

el bidé
dat Bidet

el urinario
dat Miegbecken

el papel higiénico
dat Klopapeer

la escobilla del váter
de Kloböst

el cepillo de dientes
de Tähnböst

la pasta de dientes
de Tähnpast

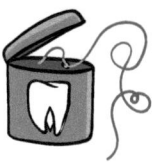

el hilo dental
de Tähnsied

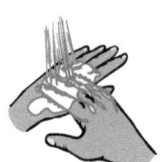

lavar
waschen

la ducha de mano
de Handbruus

la ducha íntima
de Intimbruus

la pila
de Waschschöttel

el cepillo de espalda
de Rüchböst

el jabón
de Seep

el gel de ducha
dat Bruusgeel

el champú
dat Hoorwaschmiddel

la toallita
de Waschlappen

el desagüe
de Afloop

la crema
de Creme

el desodorante
dat Deodorant

el espejo

de Spegel

el espejo de tocador

de Kosmetikspegel

la maquinilla de afeitar

de Raserer

la espuma de afeitar

de Raseerschuum

la loción postafeitado

dat Raseerwater

el peine

de Kamm

el cepillo

de Böst

el secador

de Hoordröger

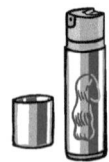

la laca

dat Hoorspray

el maquillaje

de Smink

el pintalabios

de Lippensticken

el pintauñas

de Nagellack

el algodón

de Watt

el cortauñas

de Nagelscheer

el perfume

dat Rüükwater

el estuche de viaje
de Kulturbüdel

la banqueta
de Schemel

la balanza
de Waag

el albornoz
de Baadmantel

los guantes de goma
de Gummihanschen

el tampón
de Tampon

la compresa
de Damenbinn

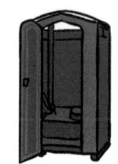

el inodoro químico
dat Chemieklo

# la habitación de los niños

# de Kinnerstuuv

el despertador
de Wecker
el peluche
dat Knudeldeert
el coche de juguete
dat Speeltüüchauto
el sonajero
de Klöter
la casa de muñecas
dat Poppenhuus
el regalo
dat Geschenk

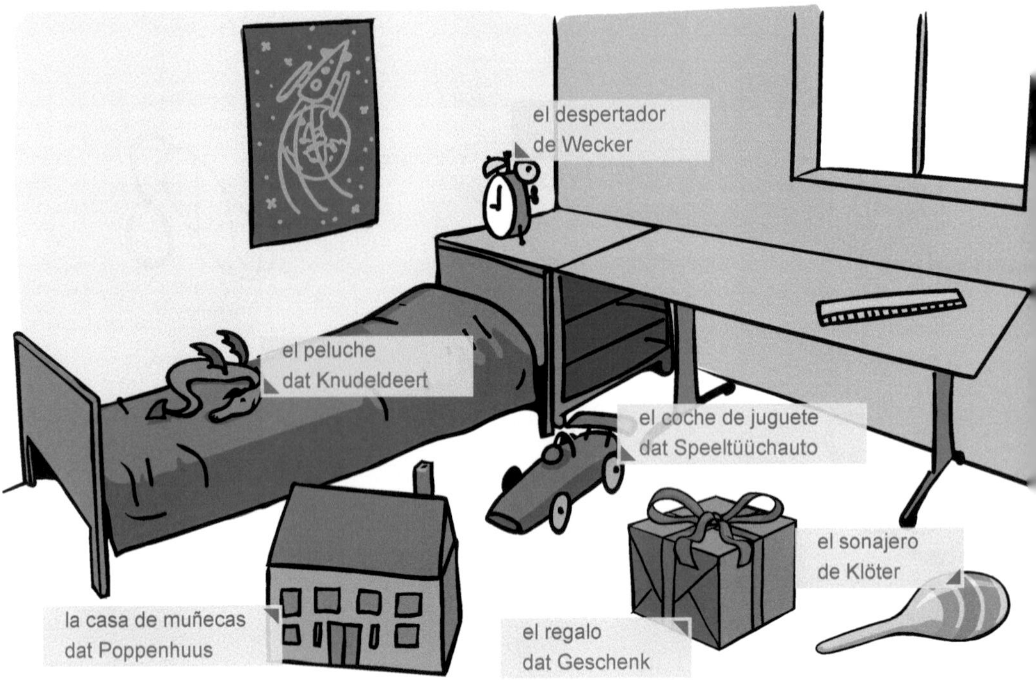

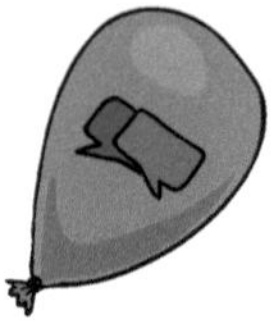

el globo

de Luftballon

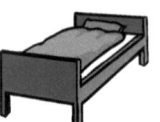

la cama

de Puuch

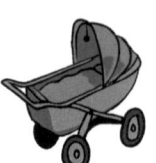

el coche de niño

de Kinnerwagen

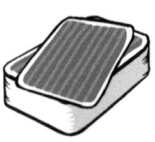

los naipes

dat Koortenspeel

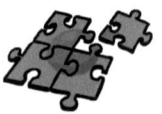

el puzle

dat Puzzle

el tebeo

de Billergeschicht

las piezas de lego

de Legostenen

los bloques de juguete

de Bustenen

la figura de acción

de Action-Figur

el bodi (de bebé)

de Strampelantog

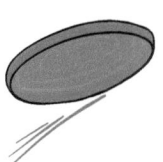

el frisbee

de Frisbeeschiev

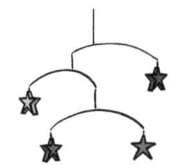

el colgador móvil para bebés

dat Mobile

el juego de mesa

dat Brettspeel

los dados

de Wörpel

el circuito de tren eléctrico

de Modelliesenbahn

el maniquí

de Snuller

la fiesta

de Party

el álbum de fotos

dat Billerbook

la pelota

de Ball

la muñeca

de Popp

jugar

spelen

el cajón de arena

de Sandkassen

el columpio

de Schuckel

los juguetes

dat Speeltüüch

la videoconsola

de Speelkonsool

el triciclo

dat Dreerad

el oso de peluche

de Teddyboor

la guardarropa

dat Klederschapp

## la ropa

## dat Tüüch

los calcetines

de Socken

las medias

de Strümp

los leotardos

de Strumpbüx

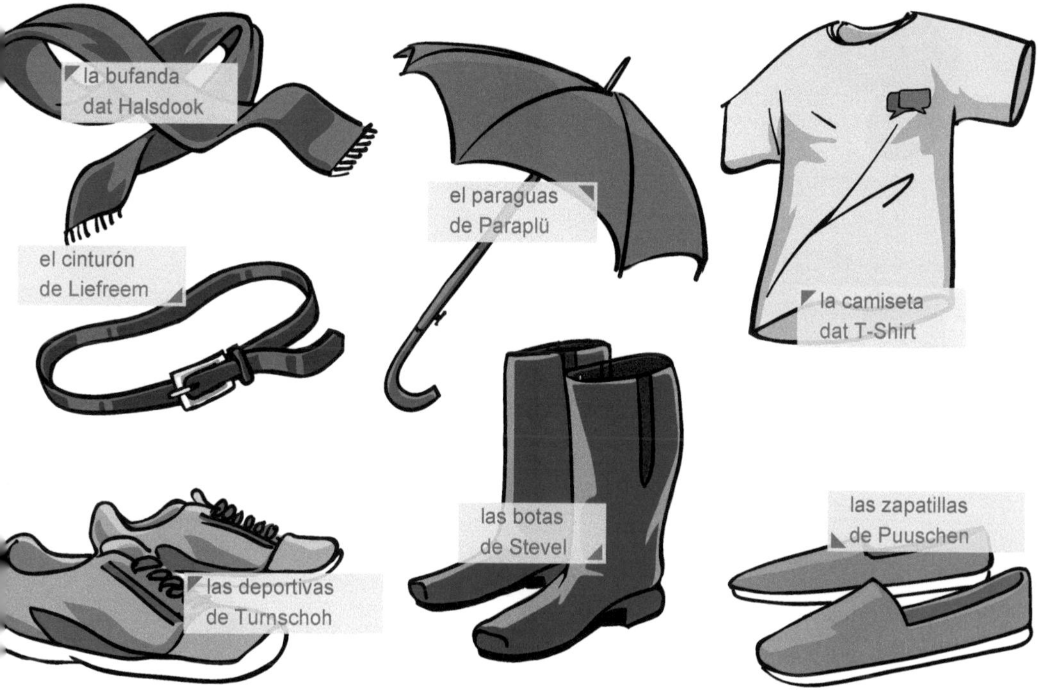

la bufanda
dat Halsdook

el cinturón
de Liefreem

el paraguas
de Paraplü

la camiseta
dat T-Shirt

las deportivas
de Turnschoh

las botas
de Stevel

las zapatillas
de Puuschen

las sandalias
de Sandalen

los zapatos
de Schoh

las botas de goma
de Gummistevel

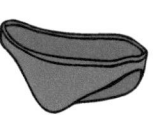

el slip
de Ünnerbüx

el sostén
de Bostholler

el chaleco
dat Ünnerhemd

el bodi

de Lief

los pantalones cortos

de Büx

los vaqueros

de Jeansnüx

la falda

de Rock

la blusa

de Bluus

la camisa

dat Hemd

el jersey

de Pullover

el suéter

de Kapuzenpullover

el blazer

de Blazer

la chaqueta

de Jack

el abrigo

de Mantel

la gabardina

de Övertrecker

el traje

dat Kostüm

el vestido

dat Kleed

el vestido de novia

dat Hochtietskleed

el traje

de Antog

el camisón

dat Nachtkleed

el pijama

de Slaapantog

el sati

de Sari

el bandana

dat Koppdook

el turbante

de Turban

la burka

de Burka

el caftán

de Kaftan

la abaya

de Abaya

el traje de baño

de Baadantog

el bañador

de Baadbüx

los pantalones cortos

de Korte Büx

el chándal

de Antog to'n Öven

el delantal

de Schört

los guantes

de Handschoh

el botón

de Knopp

las gafas

de Brill

el brazalete

dat Armband

el collar

de Halskeed

el anillo

de Ring

el pendiente

de Ohrbummel

la gorra

de Mütz

la percha

de Klederbögel

el sombrero

de Hoot

la corbata

de Binner

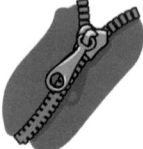

la cremallera

de Rietslüter

el casco

de Helm

los tirantes

dat Drachtband

el uniforme

de Schooluniform

el uniforme

de Uniform

el babero
de Severböten

el maniquí
de Snuller

el pañal
de Winnel

## la oficina
## dat Büro

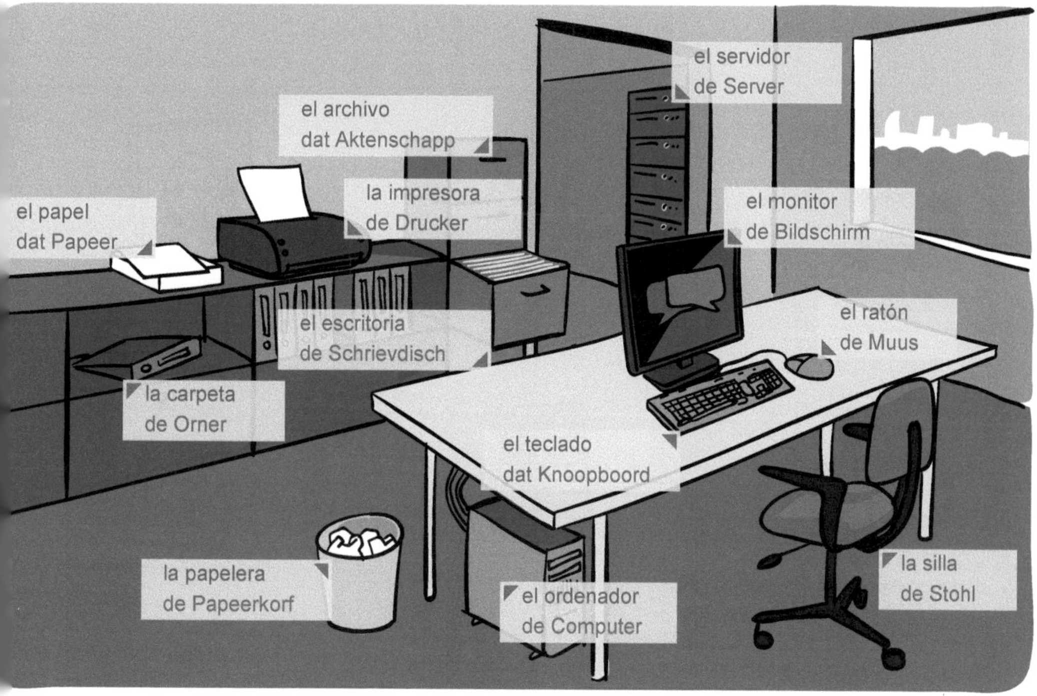

el servidor
de Server

el archivo
dat Aktenschapp

la impresora
de Drucker

el papel
dat Papeer

el monitor
de Bildschirm

el escritoria
de Schrievdisch

el ratón
de Muus

la carpeta
de Orner

el teclado
dat Knoopboord

la papelera
de Papeerkorf

la silla
de Stohl

el ordenador
de Computer

la taza de café
de Koffiebeker

la calculadora
de Taschenreekner

el internet
dat Internet

el portátil

de Klappreekner

la carta

de Breef

el mensaje

de Naricht

el móvil

de Ackersnacker

la red

dat Nettwark

la fotocopiadora

de Kopeerapparat

el software

de Software

el teléfono

de Klöönkassen

la toma de corriente

de Steekdoos

el fax

de Faxapparat

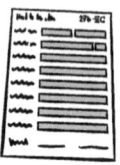

el formulario

dat Formulor

el documento

dat Dokument

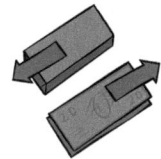

comprar

köpen

pagar

betahlen

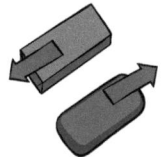

comerciar

hanneln

el dinero

dat Geld

el dólar

de Dollar

el euro

de Euro

el yen

de Yen

el rublo

de Ruvel

el franco suizo

de Swiezer Franken

el renminbi yuan

de Renminbi Yuan

la rupia

de Rupie

el cajero automático

de Geldautomat

la oficina de cambio de divisas
....................
de Wesselstuuv

el oro
....................
dat Gold

la plata
....................
dat Sülver

el petróleo
....................
dat Ööl

la energía
....................
de Energie

el precio
....................
de Pries

el contrato
....................
de Verdrag

el impuesto
....................
de Stüer

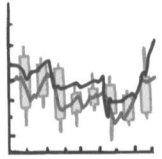

la acción
....................
de Andeelschien

trabajar
....................
arbeiden

el empleador
....................
de Anstellte

el empleador
....................
de Arbeitgever

la fábrica
....................
de Fabrik

la tienda de campaña
....................
de Hökerie

# los oficios
# de Profeschonen

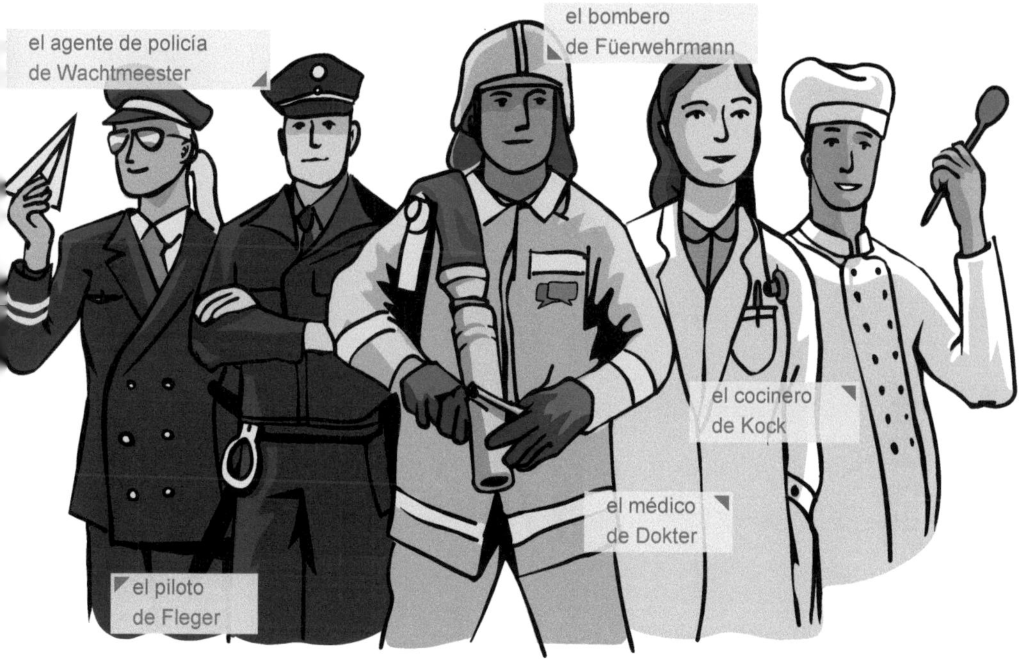
el agente de policía
de Wachtmeester
el bombero
de Füerwehrmann
el cocinero
de Kock
el médico
de Dokter
el piloto
de Fleger

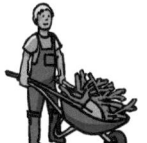

el jardinero

de Goorner

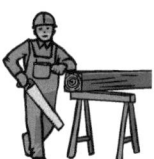

el carpintero

de Discher

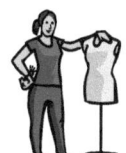

la costurera

de Neihersche

el juez

de Richter

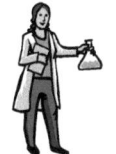

el farmacéutico

de Chemiker

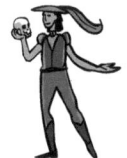

el actor

de Schauspeler

el conductor de autobús

de Busfohrer

el taxista

de Taxifohrer

el pescador

de Fischer

la señora de la limpieza

de Reinmaakfru

el techador

de Dackdecker

el camarero

de Kellner

el cazador

de Jäger

el pintor

de Maler

el panadero

de Bäcker

el electricista

de Elektriker

el obrero

de Buarbeider

el ingeniero

de Ingenieur

el carnicero

de Slachter

el fontanero

de Klempner

el cartero

de Postbüdel

el soldado

de Suldat

el arquitecto

de Architekt

el cajero

de Kasserer

el florista

de Florist

el peluquero

de Putzbüdel

el revisor

de Schaffner

el mecánico

de Mechaniker

el capitán

de Kaptein

el dentista

de Tähndokter

el científico

de Wetenschopler

el rabino

de Rabbi

el imán

de Imam

el monje

de Mönk

el sacerdote

de Paap

# las herramientas
# dat Warktüüch

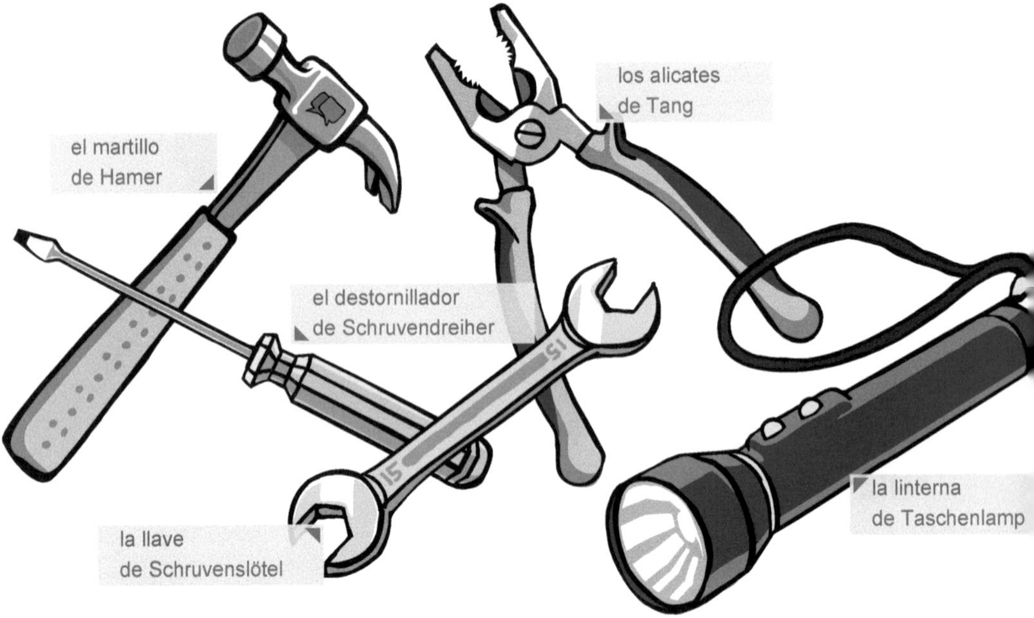

los alicates
de Tang
el martillo
de Hamer
el destornillador
de Schruvendreiher
la linterna
de Taschenlamp
la llave
de Schruvenslötel


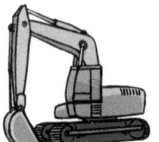

la excavadora

de Grieper

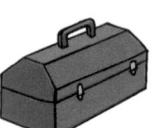

la caja de herramientas

de Warktüüchkassen

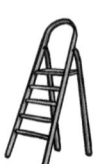

la escalera de mano

de Ledder

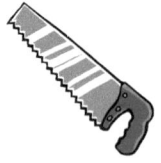

la sierra

de Saag

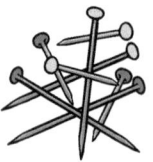

los clavos

de Nagels

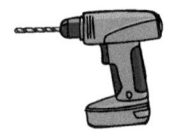

el taladro

de Bohrer

reparar

heelmaken

la pala

de Schüffel

¡Maldita sea!

Schiet!

el recogedor

dat Kehrblick

el bote de pintura

de Farvpott

los tornillos

de Schruven

# los instrumentos musicales
# de Musikinstrumenten

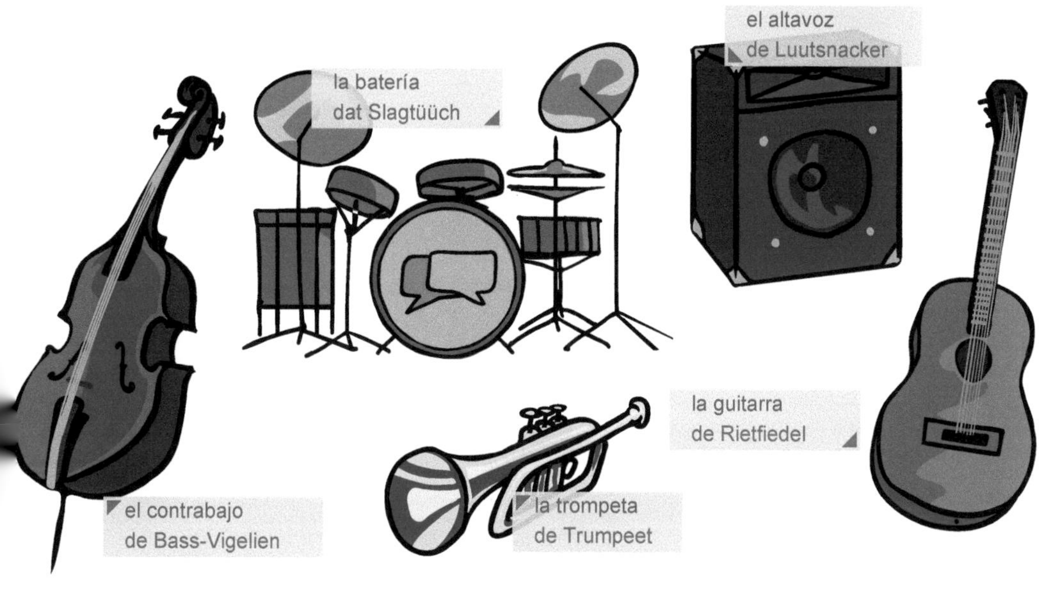

la batería
dat Slagtüüch

el altavoz
de Luutsnacker

el contrabajo
de Bass-Vigelien

la trompeta
de Trumpeet

la guitarra
de Rietfiedel

el piano

dat Klaveer

el violín

de Vigelien

bajo

de Bass

los timbales

de Pauk

el tambor

de Trummeln

el teclado

dat Keyboard

el saxofón

dat Saxophon

la flauta

de Fleut

el micrófono

dat Mikrofoon

# el zoo

# de Deertenpark

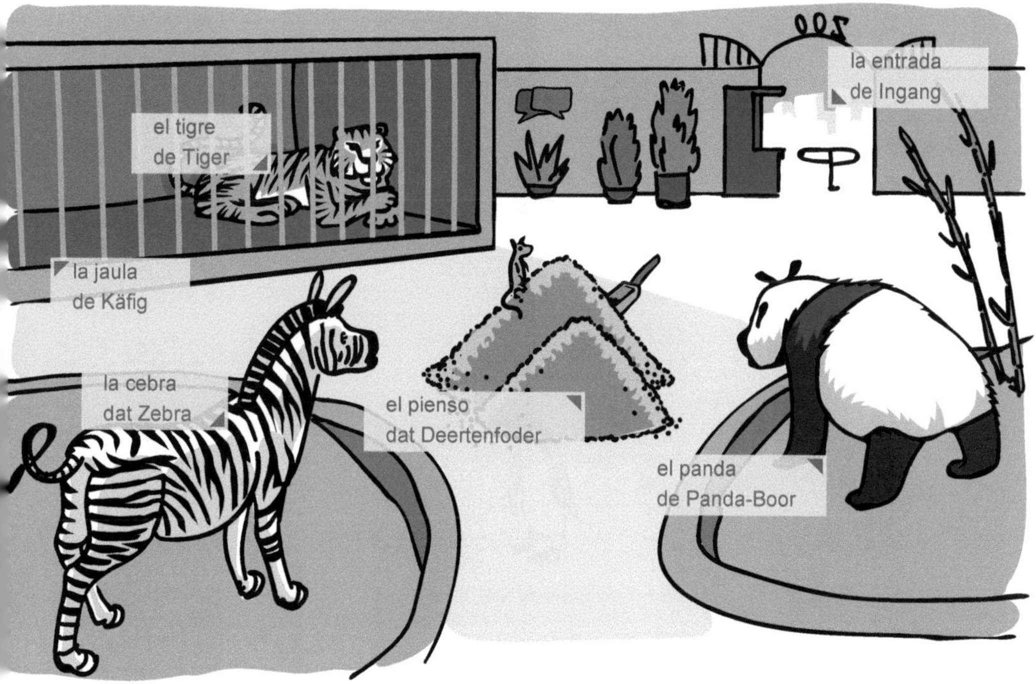

la entrada
de Ingang
el tigre
de Tiger
la jaula
de Käfig
la cebra
dat Zebra
el pienso
dat Deertenfoder
el panda
de Panda-Boor


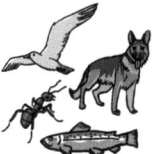

los animales

de Deerten

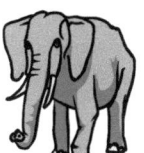

el elefante

de Elefant

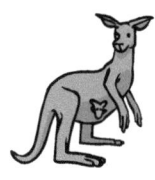

el canguro

dat Känguru

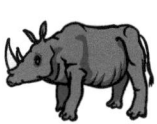

el rinoceronte

dat Neeshoorn

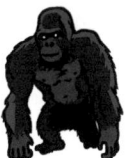

el gorila

de Gorilla

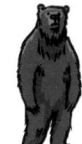

el oso

de Boor

el camello

dat Kameel

el avestruz

de Struuß

el león

de Lööv

el mono

de Aap

el flamingo

de Flamingo

el loro

de Papagoi

el oso polar

de lesboor

el pingüino

de Pinguin

el tiburón

de Haifisch

el pavo real

de Pageluun

la serpiente

de Slang

el cocodrilo

dat Krokodil

el guardián de zoológico

de Oppasser in'n
Deertenpark

la foca

de Saalhund

el jaguar

de Jaguor

el poni

dat Pony

el leopardo

de Leopard

el hipopótamo

dat Nilpeerd

la jirafa

de Giraff

el águila

de Aadler

el jabalí

dat Wildswien

el pescado

de Fisch

la tortuga

de Schildkrööt

la morsa

dat Walross

el zorro

de Voss

la gacela

de Gazell

el fútbol americano
de Amerikaansch Football

el ciclismo
dat Radfohren

el tenis
dat Tennis

el baloncesto
de Korfball

la natación
dat Swümmen

el hockey sobre hielo
dat Ieshockey

el boxeo
dat Boxen

el fútbol
de Football

el bádminton
dat Fedderball

el atletismo
de Leichtathletik

el balonmano
de Handball

el esquí
dat Skilopen

el polo
dat Polo

# las actividades

# de Aktivitäten

reír
lachen
saltar
springen
abrazar
ümarmen
caminar
gahn
cantar
singen
soñar
drömen
rezar
beden
besar
snuteln

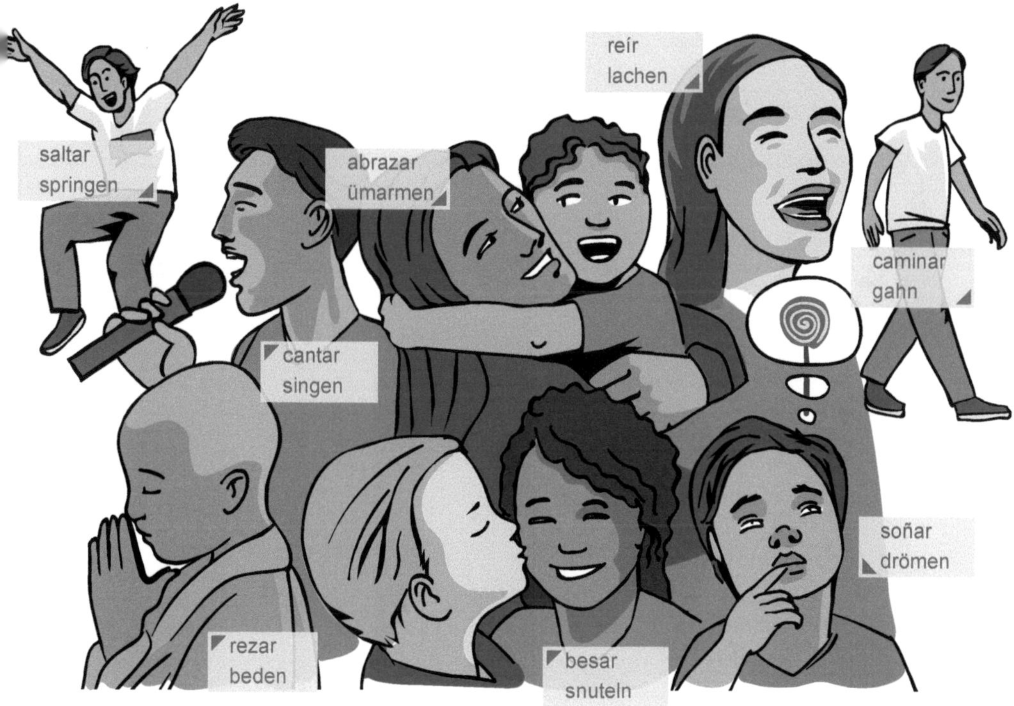

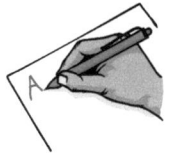

escribir

schrieven

dibujar

teken

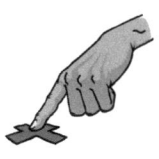

mostrar

wiesen

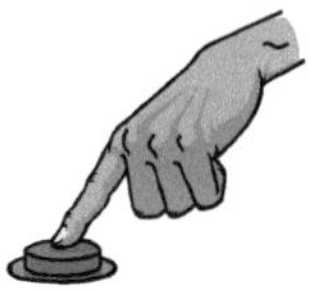

empujar

drücken

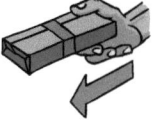

dar

geven

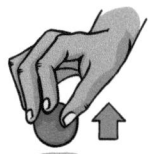

tomar

nehmen

tener
.................
hebben

hacer
.................
doon

ser
.................
sien

estar de pie
.................
stahn

correr
.................
lopen

tirar
.................
trecken

tirar
.................
smieten

caer
.................
fallen

yacer
.................
liggen

esperar
.................
töven

llevar
.................
dregen

estar sentado
.................
sitten

vestirse
.................
antrecken

dormir
.................
slapen

despertar
.................
opwaken

mirar

ankieken

llorar

wenen

acariciar

eien

peinar

kämmen

hablar

snacken

entender

verstahn

preguntar

fragen

escuchar

hören

beber

drinken

comer

eten

ordenar

oprümen

amar

leefhebben

cocinar

kaken

conducir

fohren

volar

flegen

las actividades - de Aktivitäten

navegar

segeln

calcular

reken

leer

lesen

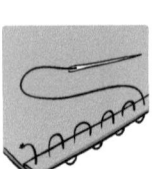

aprender

lehren

trabajar

arbeiden

casarse

de Plünnen tohoopsmieten

coser

neihen

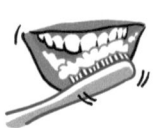

cepillarse los dientes

Tähnen putzen

matar

dootmaken

fumar

smöken

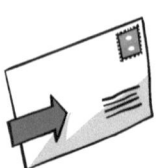

enviar

schicken

# la familia
# de Familje

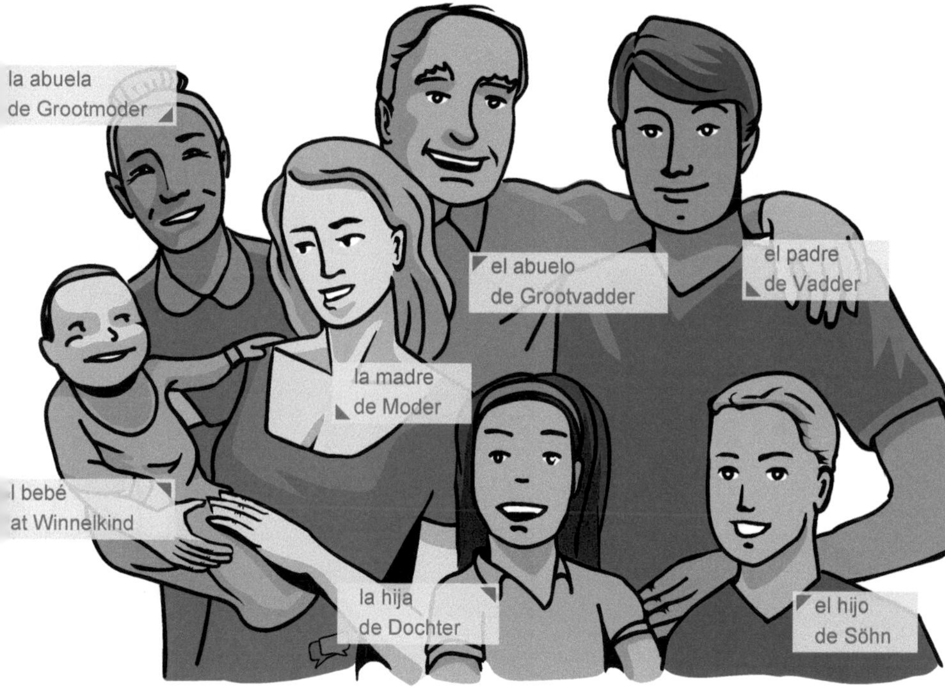
la abuela
de Grootmoder
el abuelo
de Grootvadder
el padre
de Vadder
la madre
de Moder
l bebé
at Winnelkind
la hija
de Dochter
el hijo
de Söhn

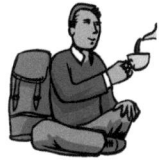

el invitado

de Gast

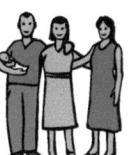

la tía

de Tant

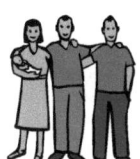

el tío

de Unkel

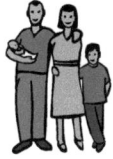

el hermano

de Broder

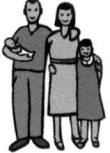

la hermana

de Süster

# el cuerpo
# de Lief

la frente
de Vörkopp
el ojo
dat Oog
el hombro
de Schuller
el dedo
de Finger
la cara
dat Gesicht
la barbilla
dat Kinn
la mano
de Hand
la pierna
dat Been
el pecho
de Bost
el brazo
de Arm

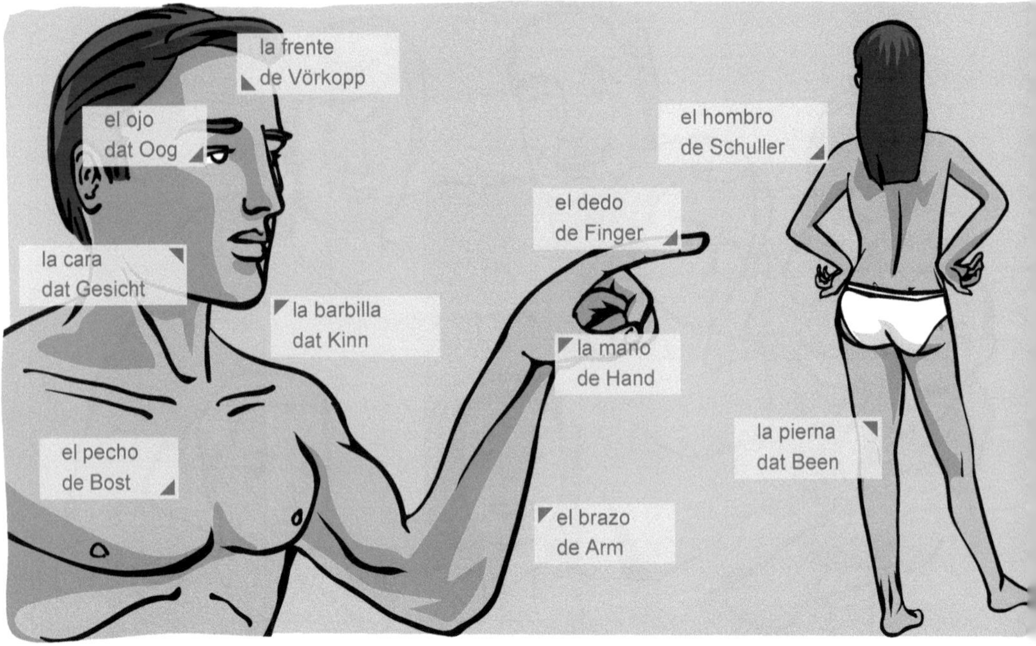

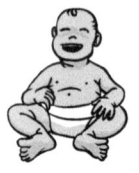

el bebé

dat Winnelkind

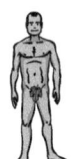

el hombre

de Mann

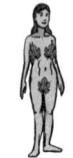

la mujer

de Fro

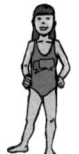

la chica

de Deern

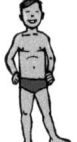

el chico

de Jung

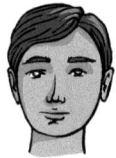

la cabeza

de Arm

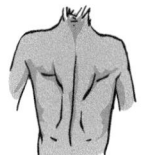

la espalda

de Rüch

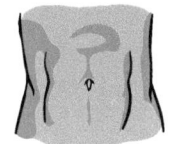

el vientre

de Buuk

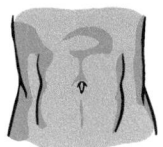

el ombligo

de Navel

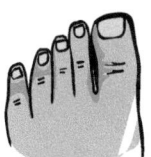

el dedo del pie

de Teh

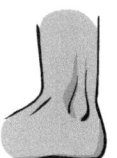

el talón

de Hack

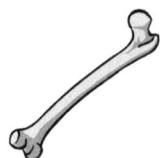

el hueso

de Knaken

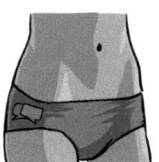

la cadera

de Hüft

la rodilla

dat Knee

el codo

de Ellbagen

la nariz

de Nees

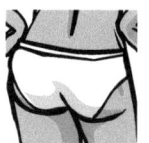

el trasero

de Achtersen

la piel

de Huut

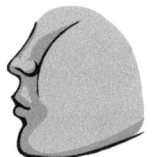

la mejilla

de Back

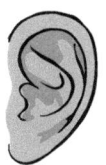

el oído

dat Ohr

el labio

de Lipp

la boca

de Mund

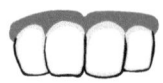

el diente

de Tähn

la lengua

de Tung

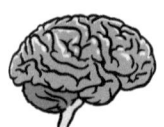

el cerebro

de Bregen

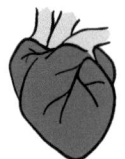

el corazón

dat Hart

el músculo

de Muskel

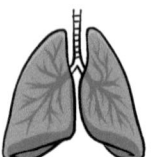

el pulmón

de Lung

el hígado

de Lever

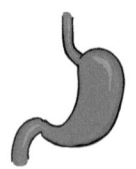

el estómago

de Maag

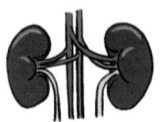

los riñones

de Neren

el sexo

de Bislaap

el condón

dat Kondoom

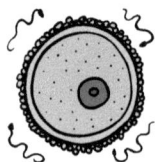

el ovario

de Eizell

el semen

dat Sperma

el embarazo

de Anner Ümstänn

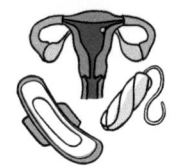

la menstruación

de Menstruatschoon

la vagina

de Scheed

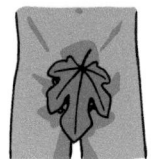

el pene

de Pint

la ceja

de Ogenbroe

el pelo

dat Hoor

el cuello

de Hals

# el hospital
# dat Krankenhuus

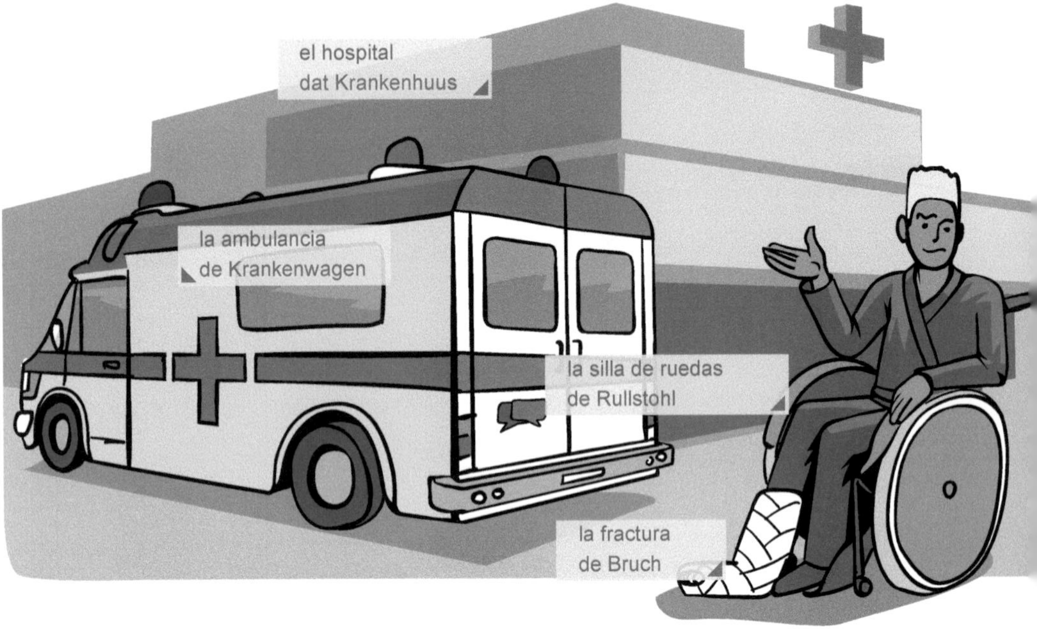

el hospital
dat Krankenhuus
la ambulancia
de Krankenwagen
la silla de ruedas
de Rullstohl
la fractura
de Bruch

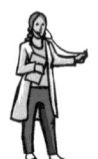

el médico

de Dokter

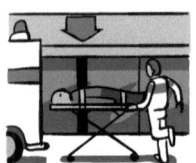

la sala de urgencias

de Nootopnahm

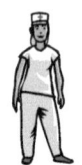

la enfermera

de Krankensüster

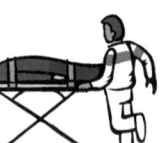

la urgencia

de Nootfall

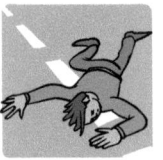

inconsciente

ahnmächtig

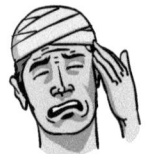

el dolor

de Wehdaag

la lesión
de Verwunnen

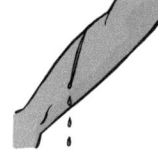

la hemorragia
de Blöden

el infarto
de Hartinfarkt

el ictus
de Slaganfall

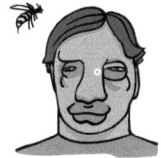

la alergia
de Allergie

la tos
de Hoosten

la fiebre
dat Fever

la gripe
de Gripp

la diarrea
de Dörchfall

el dolor de cabeza
de Koppwehdaag

el cáncer
de Kreeft

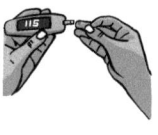

la diabetes
de Zuckersüük

el cirujano
de Chirurg

el bisturí
dat Chirurgsch Mess

la operación
de Operatschoon

TAC
de CT

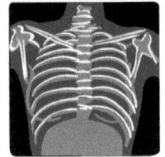

los rayos x
de Dörchlüchten

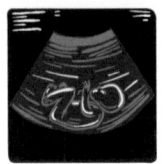

el ultrasonido
de Ultraschall

la mascarilla
de Mask

la enfermedad
de Krankheit

la sala de espera
de Töövruum

la muleta
de Krück

la tirita
dat Plaaster

la venda
de Verband

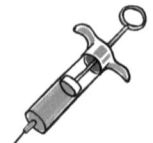

la inyección
de Insprütten

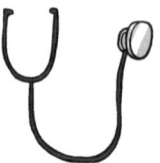

el estetoscopio
dat Stethoskop

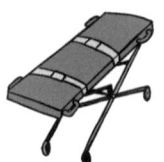

la camilla
de Draag

el termómetro
dat Feverthermometer

el nacimiento
de Geboort

el sobrepeso
dat Övergewicht

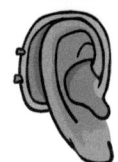

el audífono

de Höörapparat

el desinfectante

dat Kiemfriemiddel

la infección

de Ansteken

el virus

de Virus

VIH / SIDA

dat HIV / AIDS

la medicina

dat Heelmiddel

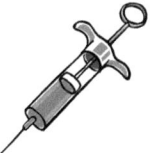

la vacunación

de Impen

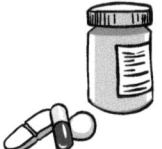

las tabletas

de Tabletten

la pastilla

de Pill

la llamada de urgencia

de Nootroop

el tensiómetro

de Blootdruck-Meter

enfermo / sano

krank / gesund

¡Socorro!

Hölp!

la alarma

de Alarm

el asalto

de Överfall

el ataque

de Angreep

el peligro

de Gefohr

la salida de emergencia

de Nootutgang

¡Fuego!

dat Füer!

el extintor de incendios

de Füerlöscher

el accidente

de Unfall

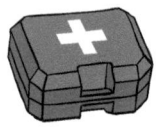

el botiquín de primeros auxilios

de Noothölpkoffer

SOS

SOS

la policía

de Polizei

Europa

Europa

Norteamérica

Noordamerika

Sudamérica

Süüdamerika

África

Afrika

Asia

Asien

Australia

Australien

el atlántico

de Atlantik

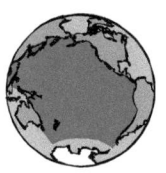

el Pacífico

de Pazifik

el Océano Índico

dat Indisch Weltmeer

el Océano Antártico

dat Antarktisch Weltmeer

el Océano Ártico

dat Arktisch Weltmeer

el polo norte

de Noordpol

el polo sur

de Süüdpol

La Antártida

de Antarktis

la tierra

de Eerd

la tierra

dat Land

el mar

de See

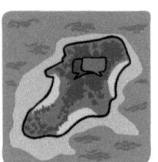

la isla

dat Eiland

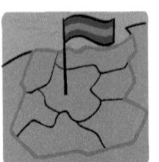

la nación

de Natschoon

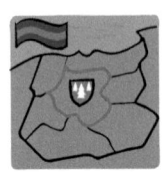

el estado

de Staat

la esfera

dat Tallenblatt

la manecilla de las horas

de Stunnenwieser

el minutero

de Minutenwieser

el segundero

de Sekunnenwieser

¿Qué hora es?

Wo laat is dat?

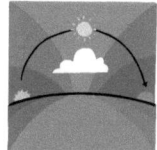

el día

de Dag

el tiempo

de Tiet

ahora

nu

el reloj digital

de digetaalsch Klock

el minuto

de Minuut

la hora

de Stunn

# la semana

## de Week

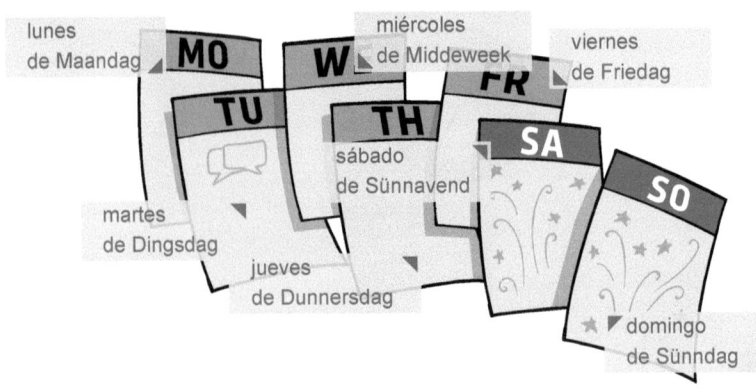

lunes
de Maandag

miércoles
de Middeweek

viernes
de Friedag

martes
de Dingsdag

sábado
de Sünnavend

jueves
de Dunnersdag

domingo
de Sünndag

ayer

güstern

hoy

hüüt

mañana

morgen

la mañana

de Morgen

el mediodía

de Meddag

la tarde

de Avend

los días laborables

de Arbeitsdaag

el fin de semana

dat Wekenenn

# el año

# dat Johr

la lluvia
de Regen
el arcoíris
de Regenbagen
la nieve
de Snee
el viento
de Wind
la primavera
dat Fröhjohr
el otoño
de Harvst
el verano
de Sommer
el invierno
de Winter

4.APRIL 11°
5.APRIL 4°
6.APRIL 13°
7.APRIL 8°
8.APRIL 10°

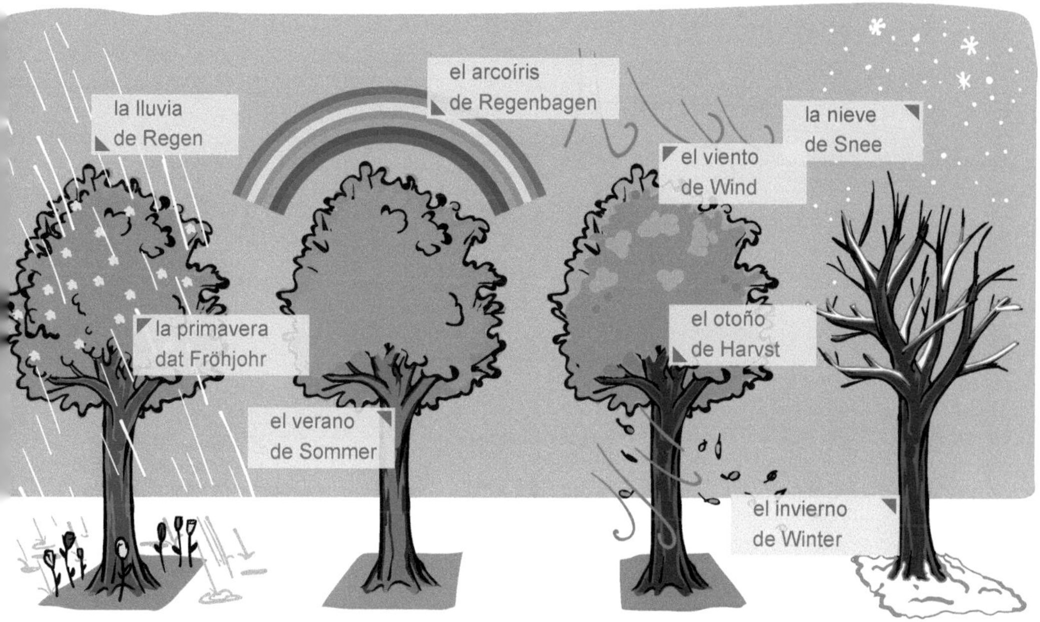

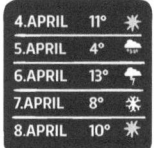

el pronóstico del tiempo

de Wedervörhersaag

F C
120 90 60 30 0 -30
40 30 20 10 0 -10 -20

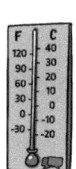

el termómetro

dat Thermometer

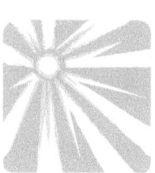

el sol

de Sünnenschien

la nube

de Wulk

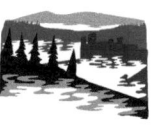

la niebla

de Nevel

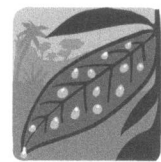

la humedad

de Luftfuchtigkeit

el rayo

de Blitz

el trueno

de Dunner

la tormenta

de Storm

el granizo

de Hagel

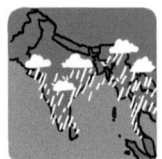

el monzón

de Monsun

la inundación

de Floot

el hielo

dat les

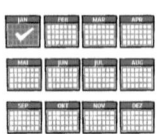

enero

de Januormaand

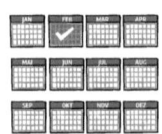

febrero

de Februormaand

marzo

de Martmaand

abril

de Aprilmaand

mayo

de Maimaand

junio

de Junimaand

julio

de Julimaand

agosto

de Augustmaand

septiembre
................
de Septembermaand

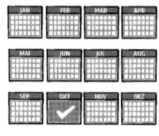

octubre
................
de Oktobermaand

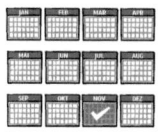

noviembre
................
de Novembermaand

diciembre
................
de Dezembermaand

## las formas
## de Formen

el círculo
................
de Krink

el cuadrado
................
dat Quadrat

el rectángulo
................
dat Rechteck

el triángulo
................
dat Dreeeck

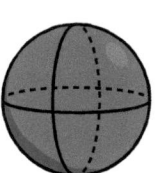

la esfera
................
de Kugel

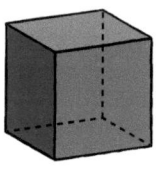

el cubo
................
de Wörpel

blanco

witt

amarillo

geel

anaranjado

orangsch

rosa

pink

rojo

root

morado

lila

azul

blau

verde

gröön

marrón

bruun

gris

gries

negro

swart

mucho / poco

veel / wenig

enojado / tranquilo

böös / verdreeglich

bonito / feo

smuck / mies

principio / fin

de Begünn / dat Enn

grande / pequeño

groot / lütt

claro / oscuro

hell / düüster

el hermano / la hermana

de Broder / de Süster

limpio / sucio

schier / schietig

completo / incompleto

kumpleet / nich kumpleet

el día / la noche

de Dag / de Nacht

muerto / vivo

doot / lebennig

ancho / estrecho

breet / small

comestible / no comestible

geneetbor / nich geneetbor

malo / amable

böös / fründlich

entusiasmado / aburrido

fickerig / langwielt

gordo / delgado

dick / dünn

primero / último

toeerst / toletzt

el amigo / el enemigo

de Fründ / de Fiend

lleno / vacío

vull / leddig

duro / blando

hart / week

pesado / ligero

swoor / licht

el hambre / la sed

de Smacht / de Döst

enfermo / sano

krank / gesund

ilegal / legal

nich na't Recht / na't Recht

inteligente / tonto

klook / dummerhaftig

izquierda / derecha

linkerhand / rechterhand

cerca / lejos

neeg / feern

nuevo / usado

nieg / bruukt

nada / algo

nix / wat

viejo / joven

oolt / jung

encendido / apagado

an / ut

abierto / cerrado

apen / slaten

silencioso / ruidoso

lies / luut

rico / pobre

riek / arm

correcto / incorrecto

richtig / verkehrt

áspero / suave

ruug / glatt

triste / contento

trurig / glücklich

corto / largo

kort / lang

lento / rápido

suutje / flink

húmedo / seco

natt / dröög

cálido / frío

warm / köhl

guerra / paz

de Krieg / de Freden

**0**

cero

null

**1**

uno

een

**2**

dos

twee

**3**

tres

dree

**4**

cuatro

veer

**5**

cinco

fief

**6**

seis

söss

**7**

siete

söven

**8**

ocho

acht

**9**

nueve

negen

**10**

diez

teihn

**11**

once

ölven

**12**

doce

twölf

**13**

trece

dörteihn

**14**

catorce

veerteihn

**15**

quince

föffteihn

**16**

dieciséis

sössteihn

**17**

diecisiete

söventeihn

**18**

dieciocho

achtteihn

**19**

diecinueve

negenteihn

**20**

veinte

twintig

**100**

cien

hunnert

**1.000**

mil

dusend

**1.000.000**

el millón

million

# los idiomas

## de Spraken

el inglés

dat Engelsch

el inglés americano

dat Amerikaansch Engelsch

el chino madarín

dat Chineesch Mandarin

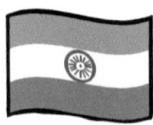

el hindi

dat Hindi

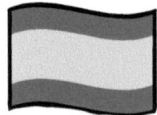

el español

dat Spaansch

el francés

dat Franzöösch

el árabe

dat Araabsch

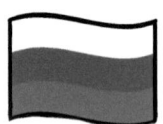

el ruso

dat Rusch

el portugués

dat Portugiesch

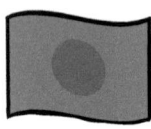

el bengalí

dat Bengaalsch

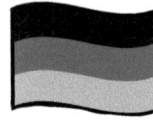

el alemán

dat Düütsch

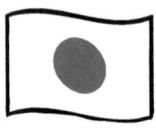

el japonés

dat Japaansch

yo

ik

tú

du

él / ella / ello

he / se / dat

nosotros/as

wi

vosotros/as

ji

ellos/as

se

¿quién?

keen?

¿qué?

wat?

¿cómo?

woans?

¿dónde?

woneem?

¿cuándo?

wannehr?

el nombre

de Naam

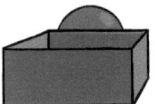

detrás

achter

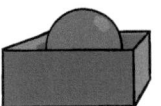

en

in

delante de

vör

por encima de

över

sobre

op

debajo de

ünner

junto a

blangen

entre

twüschen

el lugar

de Oort